大学英语教学发展探究

隆 娟 吴 炜 赵果巍 著

吉林出版集团股份有限公司
全国百佳图书出版单位

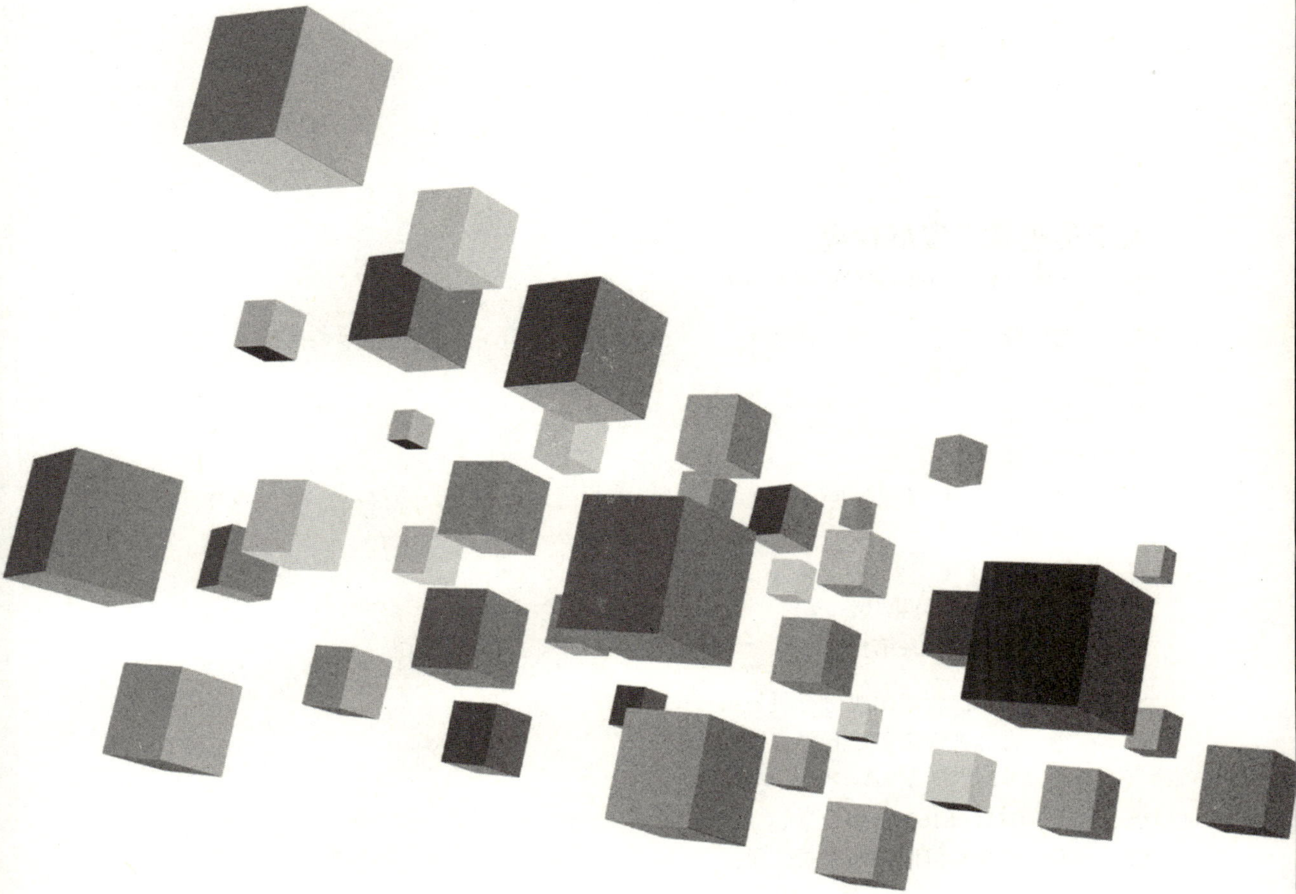

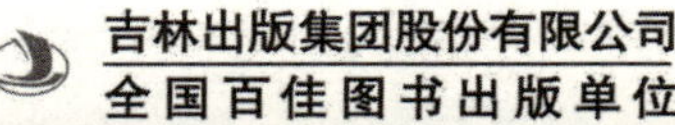

图书在版编目（CIP）数据

大学英语教学发展探究 / 隆娟，吴炜，赵果巍著
. -- 长春 :吉林出版集团股份有限公司，2023.8
ISBN 978-7-5731-4199-6

Ⅰ. ①大… Ⅱ. ①隆… ②吴… ③赵… Ⅲ. ①英语－教学研究－高等学校 Ⅳ. ①H319.3

中国国家版本馆CIP数据核字（2023）第172184号

大学英语教学发展探究

DAXUE YINGYU JIAOXUE FAZHAN TANJIU

著　　者　隆　娟　吴　炜　赵果巍
出 版 人　吴　强
责任编辑　蔡宏浩
装帧设计　墨创文化
开　　本　787 mm × 1092 mm　1/16
印　　张　7.25
字　　数　200千字
版　　次　2023年8月第1版
印　　次　2023年11月第1次印刷

出　　版　吉林出版集团股份有限公司
发　　行　吉林音像出版社有限责任公司
（吉林省长春市南关区福祉大路5788号）
电　　话　0431-81629679
印　　刷　吉林省信诚印刷有限公司

ISBN 978-7-5731-4199-6　　定　　价　50.00元

前　言

从 20 世纪 80 年代开始，大学英语作为一门公共基础必修课程，纷纷在高校设置起来，成为影响较大的课程，占据我国高等教育教学体系的重要地位。同时，大学英语作为一门学科的研究也越来越广泛而深入。

我国高等院校主要承担起培育外语人才的重任，中国特色社会主义建设对于外语人才不仅数量需求大，质量要求也很高。他们应当是具有中国情怀和国际视野，具备懂科学、跨学科、善思辨，能求同存异、开放包容，满足社会需要的英语应用型人才。

基于此，本书对大学英语教学进行研究。全书共六章内容，第一章为大学英语教学现状，对大学英语教学开展现状及其信息化教学现状进行了分析，还提及了大学英语教学模式的构建；第二、三章分别为大学英语阅读教学和写作教学分析，从现状、教学模式及基于不同理论三个方面进行了分析；第四章为大学英语课程分析，对大学英语课程的概念及特点进行概述，对大学英语课程模式和体系进行了分析，还基于当前新兴技术对大学英语课程进行了设计与开发；第五章为大学英语教师的发展；第六章为大学英语教学策略，从不同的方面为大学英语教学及其信息化教学给出了相应对策，使大学英语教学能更好地发展。

本书在理论研究上进一步丰富和完善了大学英语教学理论体系。同时，在目前主要问题的基础上提出了较为全面的改进策略，也为推动教师、高校等各个主体在加强大学英语教学的发展上提供了一定的思路启示和参考性建议。

著　者

2023 年 1 月

目　录

第一章　大学英语教学现状 …… 1
　第一节　大学英语教学相关概述 …… 1
　第二节　大学英语教学开展现状 …… 9
　第三节　大学英语教学模式构建及分析 …… 14
第二章　大学英语阅读教学分析 …… 25
　第一节　大学英语阅读教学现状及问题 …… 25
　第二节　大学英语阅读教学模式的创新 …… 26
　第三节　基于不同理论的大学英语阅读教学 …… 30
第三章　大学英语写作教学分析 …… 38
　第一节　大学英语写作教学现状及问题 …… 38
　第二节　大学英语写作教学模式的创新 …… 41
　第三节　基于不同理论的大学英语写作教学 …… 44
第四章　大学英语课程分析 …… 53
　第一节　大学英语课程概述 …… 53
　第二节　大学英语课程模式分析 …… 57
　第三节　大学英语课程体系构建 …… 63
　第四节　大学英语课程设计与开发 …… 72
第五章　大学英语教师的发展 …… 81
　第一节　大学英语教师发展概述 …… 81
　第二节　大学英语教师专业发展模式 …… 84
　第三节　大学英语教师发展的路径 …… 91
第六章　大学英语教学策略 …… 96
　第一节　大学英语教学完善路径 …… 96
　第二节　大学英语信息化教学策略 …… 105
参考文献 …… 110

第一章　大学英语教学现状

我国的基础教育，尤其是在中学教育阶段，几乎都选用英语作为外语学习的语言。国内、国外几乎所有大学都开设了这门公共基础课，这门课程的教学也就自然地引起了研究者们的极大关注。

第一节　大学英语教学相关概述

一、大学英语教学

大学英语教学是指对大学英语课程开展的教学。“大学英语课程是高等学校人文教育的一部分，兼具工具性和人文性双重性质。就工具性而言，能够进一步提高学生英语听、说、读、写、译的能力。就人文性而言，能够进行跨文化教育。因此，要充分挖掘大学英语课程丰富的人文内涵，实现工具性和人文性的有机统一。”[①] 由此可以看出，大学英语教学是高等学校对非英语专业学生开设的公共基础课程教学，具有明显的大学英语课程教学属性。

教学的终极目的是培养全面发展的人。语言的教学离不开语言与文化的交织，语言是文化的载体，因而具有显著的文化属性。“大学英语教学，本质上是以英语为母语的人文精神的教学。”[②] 人文精神的核心思想是以人为本，是对全面发展的人的一种价值追求，是教育及教学的灵魂所在。换言之，在大学英语课程教学的过程中，倘若抓住人文精神这一重要教学内容，也就抓住了提高大学英语教学效果的总开关，抓住了大学英语教学价值核心，这种教学反映了大学英语教学的本质内涵。

简言之，大学英语教学既要完成担任传授知识的工具性责任，又要完成担任传承文化的人文性责任，要让工具性和人文性之间保持融合。因此，大学英语教学是以价值核心作为人的全面发展为依归，融知识技能和人文素养于一体，对大学英语课程展开追求知识与文化传承的师生互动过程。

---

① 教育部高等学校大学外语教学指导委员会．大学英语教学指南［M］．北京：高等教育出版社，2017.

② 钱冠连．不当交际工具使用的语言——西方语言哲学研究（之二）［J］．外语与外语教学，2001（2）：38.

二、大学英语教学价值

价值指客体属性对主体需要的满足程度，以此延伸出的大学英语教学价值主要指大学英语教学自身对其相关主体的满足程度。大学英语教学主体主要包括学生、社会、学校以及文化本身。大学英语教学价值表现为四个方面，即具有促进学生发展的价值、促进学校提升的价值、推动社会进步的价值以及促进文化传承的价值。

（一）促进学生发展

教育是人类生活的一种特殊形式，与人类相伴而生，其目的是促进人的发展，这是所有教育活动的固有价值与功能。教学作为教育的下位概念，促进人的发展的功能也是其固有功能。大学英语教学作为教学的下位概念，促进大学生的发展也是其内在价值。对比教育、教学与大学英语教学三者之间的关系，其间存在层级性，大学英语教学属于最低层级，也是操作性最强的一种教育形式，因此，笔者主要从大学英语教学本身出发，讨论大学英语促进学生发展的价值。大学英语教学促进大学生全面发展主要通过两种途径来实现，即提升大学生的人文素养与国际交流意识和能力。

1. 提升大学生的人文素养

人文，是指人的价值具有重要的意义，是人实现其存在价值的一种必备的素养。“人文”包括“人”与“文”两部分。这里的人是指具有社会属性的生命体。文指文化，是人类生产、生活智慧的结晶。就人与文之间的关系而言，文是人的文，文也只有依托人的存在价值才能得以彰显。人隶属于社会，文化是人在社会生活中体验、凝练与感悟出来的，因此，人、社会与文化之间存在着内在的、复杂的逻辑关系。社会是载体，人依托于社会传承与创造文化。人文素养指的是具有社会属性的人通过对人类社会的认识与了解而产生的一种对人的理解、责任、关怀、同情以及人对自身思维与行为的审视与反思。人文可以通过自己对生活的体验与接受教育两种途径得以提升，而针对人短暂的生物生命而言，教育则是提升人文素养最有效的途径。

综合而言，大学英语提升大学生人文素养的价值主要表现在三个方面。其一，就课程的性质而言，大学英语属于大学课程体系中的公共必修课程，具有基础性特征，是许多非英语专业大学生毕业的必要条件。大学英语与大学语文是高校普及最广的两门课程，在大学课程体系中，二者同属于提升大学生人文素养的课程，其差别在于大学语文是以汉语为载体，而大学英语则是以英语为载体。其二，就大学英语课程的类型来看，英语主要包括专业英语与大学英语两种。尽管现在部分高校正在逐步探索在大学英语课程中融入与学生所学专业相对应的内容，但事实上，目前大学英语课程内容仍是以基础性、普适性的内容为主。与英语专业学生所学的英语不同的是，大学英语的内容兼具基础性、普适性与广泛性特征，其主要目的在于以英语教学为载体了解世界历史、文化以及风俗习惯等，以此增长学生的人文知识。专业英语更多关注的是专业技能的培养，其广度相对要窄，深度要深。因此，大学英语本身是提升大学生人文素养的课程。其三，就课程内容来看，大学英语课程内容的涉及面广，但更多停留在了解与理解的层面。其目的在于通过学习了解、理解并尊重他族文化，培养学生的全球意识。例如，部分大学英语课程中有介绍英语国家饮食习惯的内容。学生通过对这部分内容的学习，既可了解英语国家的饮食习惯，也有助于学生更好地理解他国、他族文化，并从中吸收其文化中的精华。因此，从内容上看，大学英语对于提升大学生人文素养具有积极的作用。

2. 提升大学生的国际交流意识和能力

随着信息技术与交通的飞速发展，人与人之间的时空距离变得越来越短，人与外界的交流愈加频繁与高效。从国际角度来看，国家与国家之间的频繁交流成为一种必然，也是国家共同发展、互利互惠的需要。因此，生活在现代社会并会成为未来社会主体的大学生需要具备国际交流意识与能力，这样才能在未来社会中正确应对与处理各种社会事务。

首先，大学英语作为一门语言课程，本身具有工具性特征。大学英语的学习过程事实上是巩固和提升大学生英语水平，促进英语交流能力逐步提升的过程。例如，通过对大学英语教学听说课程的学习，让学生掌握基本的听说技巧和听说能力，而当学生具备基本的听说能力以后，其在与英语国家的人交流时，至少能做到生活上的沟通。学生在掌握英语沟通能力的过程中，逐步培养起想与英语国家的人交流的意识与冲动，这种交流的意识与冲动可以增强学生学习英语的动力。在此意义上，大学英语教学具备提升大学生国际交流的意识和能力。

其次，大学英语教学对大学生国际交流意识与能力的提升还可以从学生所学专业的视角展开讨论。对于大学生而言，其学习的核心和重点在自己的专业上，就专业知识与其对应领域的研究范式来看，主流英语国家的相关研究范式处于领先地位，因此，了解相关学科领域的世界发展趋势，掌握英语国家研究的优势，对于大学生而言尤为重要。从目前来看，掌握他国研究状况主要有两种途径，即阅读相关的译著与直接阅读相关的英文原著。对于研究者而言，阅读译著是退而求其次的方法，因为译著在翻译的过程中本身注入了译者的思想，没有任何一位译者能把原著的思想完全表达出来。此外，译著还具有滞后性的特征，不是他国本土研究最前沿的资料。然而，阅读相关的英文原著可弥补译著存在的这两个缺陷。相比较而言，真正的学习者更愿意阅读原著。阅读英文原著需要掌握英语，大学英语作为大学生的必修课，可以提升大学生的英语阅读能力，引导大学生阅读相关专业领域的英文原著。这样的阅读可以增加大学生对英语国家相关领域的了解，开阔其视野，提升大学生对英语相关专业的学习兴趣与信心。

（二）促进学校提升

学校是教学的载体，教学是学校的本质功能，二者相互依存。高校与教学的关系是先有学校后有教学，教学是维护学校存在的需要，也是促进学校发展与进步的需要，因此，教学是高校必需的构成要素，是学校进步与发展的动力源。大学英语教学作为大学教学的重要教学形式，其存在同样是我国教育发展的需要，也是我国高校发展的需要。这是从纯教学的视角对大学英语教学价值展开的讨论。具体到课程教学的层面，每门课程教学同时具有自身有别于其他课程教学的价值。在此视角上，大学英语作为一门以外国语言为表现形式，同时涉及国外社会、文化、经济、教育以及科研情况的课程，其存在本身具有促进学校提升的价值。在此，笔者主要从学术全球化与课程国际化两个方面展开讨论。

1. 学术全球化

学术全球化指的是在学术研究过程中需要具备全球化的眼光，综合全球相关领域的研究成果，站在全人类发展的高度展开研究，这是学术全球化的本质内涵。就目前世界范围来看，学术全球化需要三个方面的内容做支撑，即具备全球化的理念、了解全球范围内相关领域的知识、掌握全球化的沟通工具。

首先，全球化理念是学术全球化能否顺利实施的基础和前提。大学英语是以英语世界文化知识为主要知识构成的课程，可视为我国大学生了解与认识世界最基础、最重要的途径之一。学生通过对大学英语课程的学习，逐渐熟悉和了解英语国家的文化，从而产生将自己的专业学习与国外研究结合起来的想法，逐步用一种全球化的思想、理念看待自己的专业学习与研究。

其次，从了解全球范围内相关领域的知识来看，大学英语课程本身是对他国文化、相关科学研究知识的介绍或呈现，大学生学习他国语言与知识，了解他国文化、相关学科领域的基本知识与观念，从而促使其在学习过程中把专业学习与大学英语教学有效结合起来。尤其是当前部分大学在大学英语课程改革的过程中已经增加了专门用途英语的相关内容，大学英语教学与学生自己的专业学习更加紧密，推动了学生更加全面地掌握世界及他国相关领域的研究状况。

最后，大学英语教学作为学术全球化的一种重要交际工具，其价值主要体现在两个方面。一是从学术交流的基础而言，学术全球化的前提是基本的语言交流，即最基础的非学术性的交流语言，如日常的生活沟通、文化交流、工作方式交流等，这是了解一个国家学术发展必须具备的条件。它能使研究者更加深入、具体地了解某种学术思想及成就产生的土壤，使得研究者在学术交流过程中不仅能知道相关专业领域的研究，而且能知道某种学术思想或成果产生的文化基础，这样更有助于我国的学术研究。大学英语中涉及大学生基本的英语听、说、读、写、译等综合能力的运用部分，从学术交流的视角而言，主要承担此功能；二是从具体学术交流工具的视角而言，具体的学术交流需要具体专业的语言做支撑。这类语言通常是该专业研究范式的标志之一，如果不懂得相关的专业术语，研究者则无法了解相关的研究范围和方式，其结果是难以开展相关专业的学术交流。就大学英语教学内容而言，具有相关专业英语教学内容被设计其中，可以让大学生初步了解本专业相关的研究概况，具有哪些核心术语和研究成果，这样大学生才能具备最基本的使用英语的能力并能与国际上其他研究人员进行学术交流，同时大学生也不断地提升用英语阅读本专业著作、期刊等文献的能力，了解本专业研究的国际动态与发展趋势，并使自己的学习与国际接轨。

2. 课程国际化

当前我国处在改革开放进程中，高等教育的课程国际化无疑也是通过英语这一目前世界通用的语言来实现的。大学英语教学作为基础性的大学英语课程，必然成为课程国际化的依托和路径。从学校发展层面而言，课程国际化会促进学校与国际接轨，最终促进学校的发展。

大学英语教学的课程国际化价值主要体现在四个方面。首先，从大学英语自身的工具性价值而言，这门课程本身训练的是学生综合运用英语知识的能力，是学生可以直接了解世界的一种途径，在此意义上，大学英语本身是一门国际化的课程。其次，从学生对专业的学习而言，大学英语培养了学生运用英语的基本能力，学生可以以此为基础，学习用英文撰写或讲解的英文课程，从而推动学生的学习走向国际化。再次，在国际化的背景下，越来越多的学生有机会出国交流学习，学生可以不断夯实大学英语学习，提高英语综合能力，走出国门，开展对外交流与合作。最后，在全球化背景下，国外学者或学生来国内学习交流的机会也比较多，学生通过大学英语的学习以后，学校在专业学习上可以把国外留学生与国内学生合在一起开设课程，国内学生在学习的同时还可以与国外留学生交流、研讨，这也是对大学英语课程国际化的一种贡献。从发展的视角而言，大学英语教学成为课程国际化的推动力，课程国际化加速了学校与国外的交流，在一定程度上，这也是提升学校办学实力的标志。

（三）促进社会进步

从人类社会发展的历史来看，人类社会的发展历史事实上是一部技术史，几乎人类社会的进步都是围绕技术的革新而进行的。技术的更新带动了生产生活观念、知识与方式的更新，使得整个人类社会在技术更新的带动下不断向前发展。技术更新的源头是人的更新，最核心的是人的观念的更新。追溯人的观念更新的源头，人的观念的更新需要人类社会良好的环境，它是人的观念更新最基本的保障条件，因此，关于人类社会的进步，可以从技术更新与和谐的社会环境两个视角展开讨论。

1. 推动社会的技术性进步

大学英语教学作为我国社会的一项教育活动，对社会的技术性进步价值主要通过两个方面来体现。

首先，大学英语教学是教育活动的一种形式，其本身具有技术性特征，主要表现在教学过程的设计、实施以及教学设计过程中对现代教育技术的使用上。就教学过程的设计与实施而言，它包括了教学的基本要素，如教师、学生与教材以及教学环境等，把基本要素组合起来的过程本身是一个技术过程，当然，在此过程中也会融入一定的艺术性因素。就教育过程中对现代教育技术的使用来看，现代教育技术的使用能够把学生带入相对真实的模拟环境，这对于语言学习而言是非常重要的，在此意义上，大学英语教学过程本身带有技术性。从教育自身发展的历史而言，不同历史阶段教学的发展需要从技术上进行更新，以此作为提升教学效率的途径，对教学效率的追求需要相应的技术做支撑。在此意义上，大学英语教学过程本身是技术运用的过程，也是社会不断进步的过程。

其次，人类社会的进步需要技术的推动。在某种意义上它是技术的载体，因此，大学英语教学本身涉及技术性的内容。一是大学英语本身涉及技术性的内容，包括相关的技术性词汇、专业术语等，掌握本专业的相关词汇与术语有助于学生更好地了解本专业自身的国际发展状况，以及国外相关研究结论、设施设备的运用与操作情况，并使其能为我所用。学生运用该技术的过程本身也就是推动社会进步的过程。二是从语言表达的视角来看，英语表达本身也是一门技术，学生通过学习提升自己的语言使用技术，而语言的使用本身也是人类社会进步的一种标志。因此，从语言使用的角度来看，大学英语教学本身具有促进社会进步的价值。

2. 促进和谐社会的形成

社会和谐是指社会上人与人之间的和谐，其前提和基础是认同，即认同他人的文化，只有在认同的基础上，人与人之间才能相互尊重、相互理解、相互包容、避免冲突，和谐社会才能形成。

从当前世界的发展来看，国家与国家之间的联系愈发紧密，形成了经济发展的产业链。国家与国家之间形成了依存关系，更多的是发展理念与技术上的竞争。而这种理念上与技术上的竞争需要和谐、宽松的环境，因此，和谐是社会发展的目标。就教育自身的功能而言，培养具有良好素养的人是其主要目标，而这种良好的素养主要包括尊重、包容、关爱他族、他人的积极心态，这种心态可以帮助学习者以和谐的观念对待与处理他国的能力。

大学英语教学事实上是一种基于英语世界文化与汉文化之间的跨文化教育活动，其有助于我国大学生更加清楚、真实地了解他国文化，认同并尊重他国文化，逐步形成一种全球观，为把我国的和谐理念推向世界奠定基础。具体而言，大学英语的和谐价值主要表现为两个方面：一是大学英语教学活动的过程本身是学生认识他国文化、科技以及社会发展的过程。在此过程中，学生逐渐形成认识、了解并欣赏他国文化的心态，也学会结合自身的文化背景鉴别他国文化的优劣，这是和谐心态形成的基础；二是和谐源自沟通。沟通包括文字上的沟通与口语上的沟通。沟通能增进了解、找准定位、缩短距离。大学英语本身是语言教学过程，学习大学英语有助于增强学生的文字沟通能力，如阅读英文文献，通过文献找到自己的优势以及与对方的差距，从而也是一种客观的态度去理解他国的文明成果。就口语的沟通能力而言，因交通与信息发达的原因，人与人之间的交流愈发频繁，无论是面对面交流还是其他语音交流，都需要具备基本的口语表达能力，这样双方才能正确理解对方的意思。在此意义上，沟通过程也是逐步减少误解的过程。

（四）促进文化传承

从广义的视角而言，所有的教育皆可视为文化素质教育，即教育都具备促进文化素质教育发展的功能，这是教育的本质功能。从文化素质教育的视角而言，大学英语教学本身是文化传播、传承与创造的活动，通过教学活动，学生的文化素质得以提升。在此意义上，笔者认为大学英语教学既可以促进文化繁荣，也可以促进文化传承。具体来讲，其促进文化传承的教学价值可以从两个方面展开讨论，即促进多民族的繁荣与推动文化的输入与输出。

1. 促进多民族的繁荣

民族繁荣是民族文化的繁荣。多民族的繁荣事实上指的是多民族文化的共同发展，包括政治、经济、科技与教育等方面的共同发展。从文化的载体而言，民族文化的载体主要是人，人是文化繁荣的主要动力，因此，提升人的文化素质成为一种必然途径。从人类的角度来看，这种促进民族繁荣的文化素质教育是以全球各民族文化为素材的文化素质教育。基于民族文化繁荣的文化素质教育需要教育发生的载体或平台，而大学英语就是我国大学生了解他族文化，学会理解、尊重他族文化的重要途径。

大学英语促进各民族共同繁荣的价值主要通过三个方面来体现，即促进沟通与交流、学习他国的先进文化成果以及亲身体验他国的文化元素。首先，沟通与交流是繁荣的基础，繁荣正是多民族文化在相互沟通、交流与碰撞中产生的。大学英语是为提升我国大学生这种有效的沟通与交流能力服务的，这种沟通与交流能力是促进民族文化共同繁荣的基础，因此，大学英语具有促进民族文化繁荣的价值。其次，学习他国，尤其是英语世界国家先进文化的成果是促进民族文化繁荣的重要途径。大学英语本身属于跨文化的课程，课程内容中的主要内容包括对他国语言对运用、社会、文化以及科技、教育等发展情况的介绍。尽管这种介绍较为基础，但是从文化的角度来看，它确实是我国大学生了解、学习他国优秀文化成就的窗口。最后，大学英语的教学过程本身是亲身体验他国文化要素的过程。在当前国际交流合作日益广泛的情况下，部分大学都招收留学生或交换生，因此，非英语专业的学生通过大学英语教学课堂获得了与国外学生面对面交流与讨论的机会，加强了各民族之间的沟通，促进相互之间更加深入地了解，这也有助于促进民族共同繁荣。

2. 推动文化的输入与输出

全球化是当前世界发展的趋势，各民族正是在全球化的过程中相互学习、取长补短、共同繁荣的，因此，文化的输入与输出在某种意义上是融为一体的。文化的输入与输出是文化繁荣的重要途径，在输入与输出的过程中，文化主体才能在对比的基础上认真审视自己的文化，吸收他国优秀文化成果，并促进民族文化的共同繁荣。大学英语是我国大学生掌握、学习他国文化的重要途径，其所承担的功能中包括文化的输入与输出两种职能。

首先，文化输入的价值主要体现为大学英语主要是以英语世界文化为主所编写的教材，从教材的视角来看，它本身是一种文化的输入。学生通过对大学英语的学习，了解了他国文化发展的基本情况，并把相关的优秀文化知识内化在自己心中，这本身也是一种文化输入的过程。大学英语教学为我国学习他国优秀文化成果提供了可能，在此过程中，我国文化也被注入了新鲜的血液。

其次，大学英语的文化输出价值主要通过两种形式来实现，即沟通能力与文化输出的机会。就大学英语教学的目的来看，其主要是让大学生掌握基本的英语交流能力，包括生活上的交流与专业领域的交流，学生具备这样的能力后，才有机会、有能力与他国人员真正地交流，这也是实现文化输出的必要条件。同时，从大学英语教学过程中国外学生的参与而言，教学过程中讨论与研究的不仅仅是国外文化，而且涉及部分与此有关联的中国文化。国外学生在此过程中可以了解中国文化，形成对中国文化的正确认识，这个过程事实上是文化输出的过程。

三、大学英语教学方法

（一）微课、慕课教学方法

当前，慕课与微课成为教育信息化的主要手段与方法，助力大学英语教学有效实施。慕课即大型在线教学模式，其承载的学习者数量可达上千人。微课是短小精悍的教学资源，通常情况下，一个微课呈现一个知识点，大学生通过观看和学习微课，掌握相关的知识点，在教师的引领与指导下对整体知识信息进行掌握，提升大学生综合学习水平。微课与慕课都是有效的教学方法，两者图文并茂的知识呈现特点，可为大学生网络在线学习提供支撑。在大学英语教学中，教师践行“互联网＋”思维，将英语课程教学分为多个知识点，每一个知识点制作成微课资源，并以慕课在线教学为基点，提升大学英语教学的针对性，从而促进微课与慕课在大学英语教学中的良好运用，为大学英语教学改革助力。

（二）翻转课堂教学方法

翻转课堂是一种有效的教学方法，在大学英语教学中运用翻转课堂构建英语教学体系，从而为大学生学好英语助力。翻转课堂教学使大学生既能够获取有针对性的英语知识与技能，也能够进行英语口语输出，不断提升大学生口语实践能力，弥补传统英语教学实践不足的问题。在翻转课堂教学中，教师引领大学生进行英语语言实践，诸如英语话题讨论、英语主题思考等，提升大学生的语言交际能力与运用能力，从而增强大学英语教学的有效性。

（三）综合评价教学方法

综合评价教学方法的实施，使大学生对自身英语语言学习实际状况有所了解。综合评价教学方法的实施，可增强评价的系统性、一体化、综合性，给予大学生针对性、全面性的评价，以评价助力大学生成长，使大学生明确自身不足与优势，不断提升自己，促进大学生全面发展。教学评价融入大学生自主学习全过程，对大学生英语语言学习进行系统性评价，对学习成绩、知识理解能力、自主学习能力、情感思维等都给予一定的评价，让大学生明确自身学习实际情况，从而使评价教学更好地满足大学生发展需要，不断增强大学生英语综合运用能力。

第二节　大学英语教学开展现状

一、大学英语教学的优势及问题

（一）大学英语教学的优势

1. 教学环境多元化

当前，大学英语教学模式得以改革，使英语教学环境呈现多元化的状态。教师既可在课堂教学中传递英语知识，也可在网络平台中传递英语知识，使大学生获取英语信息的渠道更加多元，满足大学生个性化英语语言学习、信息获取、语言输出、语言交流、语言实践的需求。在“互联网＋”背景下，大学英语教师采用有效方法促进网络教学与课堂教学的融合，构建一个完整的英语教学体系，引领大学生在网络平台获取英语学科知识，在传统课堂教学中实践学科知识，促进学生进行英语语言多元化运用。同时，依托“互联网＋”技术，延伸英语教学活动。例如，在网络平台布置英语学科任务，让学生进行英语学习实践，融合课外教学、课堂教学、校园活动，开展线上线下混合活动，引领学生进行语言输出，从而增强学生英语表达能力。

2. 自主学习主流化

将“互联网＋”运用到大学英语学科教学中，可增强大学生的自主学习能力，使大学生自主学习模式呈现主流化的特点。学校根据“互联网＋”在大学英语教学中的运用，构建大学英语教学网络平台，提供多元的语言信息素材，包含口语素材、听力素材、语音素材、商务英语素材、英美文化素材等，以及口语实践平台、语言讨论平台、语言展开平台、语言欣赏平台等，大学生登录网络平台可进行自主学习。大学生可借助微课、慕课进行自主学习，也可进入听力、语音、口语、阅读等平台中进行相关的学习实践。

3. 教学体系综合化

在大学英语教学中，不仅要向大学生传授英语知识与口语、听力、阅读、写作、翻译等技能，而且要加强大学生美育、德育的教育与培养，使大学生全面发展。而将“互联网＋”融入大学英语教学，可为大学生全面发展构建综合性英语教学体系，既向大学生传递英语素材信息，也向大学生讲解成长过程中所需要学习的内容，包含生活内容、文化内容、心理学内容等，从而达到大学英语教学有效实施的目的。同时，在“互联网＋”背景下，教师可构建综合性的大学英语教学体系，让大学生既获取理论也进行实践，从而为大学生英语素养的提升助力。

（二）大学英语教学存在的问题

1. 教学方法老旧

随着我国社会的不断发展和进步，为使大学生更好地融入社会，增加就业率，大学英语教学改革对传统的教学方法提出了更高的要求。大学英语教师在教学过程中应对传统教学方式中的繁琐、复杂、老旧等不符合实际的教学内容进行更换。但是在实际的教学过程中，部分教师仍使用传统的教学方法，只对书本中的内容和知识点进行传授和讲解，教学模式较为乏味和单调，抑制了学生学习英语的积极性，甚至会有部分学生产生厌学的不良心理，对学生学习能力、应用能力的培养和提高产生了一定影响。

2. 教学内容狭窄

部分教师和学生过分注重阅读教学的内容，而对英语的听力教学、口语教学等不够重视，使得一部分大学生毕业后虽然获得了大学文凭、英语等级证书等证明，但在实际的生活、工作中仍无法熟练应用。

3. 教学定位不准确

学生学习的有效性是评价教学效率的标准，大学英语教学改革要求中对学生发展提出了明确的要求。所以，学校在制订教学目标时应做到以学生为主，教师辅助教学。大学英语教学主要是围绕充分利用所有资源，以学生为主体，培养学生全面发展。但是受到我国传统英语教学方法的影响，教师为主、学生为辅的教学模式仍然存在，制约了学生自主学习能力和思维能力的培养，导致部分学生在步入社会后无法更好地获得全面发展。

4. 教学结果评价标准失衡

在大学英语学习中，部分学生只为了获得英语等级证书，以便在就业中更胜一筹，便只将大学英语作为一门学科进行学习，忽视了其实用性。而我国的英语等级考试中，更多的是在检验学生的笔试能力，听力只占了一小部分，口语更是不在考试成绩之中，使得学生在学习大学英语的过程中无法得到全面的学习和发展。

二、跨文化交际下大学英语教学机制

在全球化程度加深的情况下，对学生跨文化交际能力的培养成为教学革新的必然选择。现阶段，大部分高校认识到文化传播的重要性，但在英语课堂中对于语言和文化的融合还存在一定的困难。面对全新的人才培养需求，大学英语教学应以培养学生跨文化意识为核心，在教学中渗透文化知识，加强学生对外来文化的理解，助力学生语言表达和沟通，实现学生英语知识和技能的提升。

（一）跨文化交际下的大学英语教学革新意义

1. 助力学生语言学习，强化对英语文化的理解

大学英语学习就是学生了解母语以外文化的过程，在大学英语教学中加强对跨文化理论内容的引用，主要是指引导学生在特定的语境中，深度讨论文化的意义，进行有效的语言交际。通过对学生跨文化交际能力的培养，使学生更主动地了解外来文化，并将跨文化交际能力作为重要能力构成要素，以及使学生英语学习水平得到全面提升。在语言学习过程中，语言和文化存在相辅相成的关系，语言作为文化传播的重要载体，不同的国家和地区受到不同发展历程的影响，其语言表达方式和文化内容存在较大的差异。因此，在语言教学中，要求教师针对外来文化进行讲述，在学生了解文化知识的情况下进行深度的学习。由此可见，对于跨文化交际能力的培养，可帮助学生全面了解英语语言表达的习惯，从而更好地完成对英语单词、语句、语法的理解和应用。另外，借助英语课堂对学生跨文化意识的培养，可使学生从不同角度了解西方国家语言表达思维方式。就处于成长关键时期的学生而言，对于不同国家文化的了解，一方面可使学生更加关注英语背后的文化内涵，了解不同国家历史文化形成特征，使学生形成良好的思维能力以及文化感知力；另一方面，可加深学生文化传递的意识，了解到文化作为一个国家发展过程中形成的智慧结晶，对一个国家有着深刻的意义。通过对西方文化的学习，可引导学生更加主动地关注我国历史文化的发展，对文化传承和弘扬起着促进作用。

2. 利于培育服务社会的跨文化交际人才

在社会和经济全球化程度不断加深的情况下，高校作为高质量人才培养的主要场所，需要培育更多具备跨文化交际能力的人才。现阶段，大学英语教学中涉及跨文化内容主要包含两个方面，即语言知识的讲解和文化的传递。这就要求教师在语言教学中融入文化，通过二者的相互配合，达到育人的目标。在跨文化交际视域下重构英语课堂，对各个产业内人才的输送起着积极作用。无论是哪一类发展形态的国家和产业，都需要服务于岗位的跨文化交际人才。面对这种需求，高校应主动了解人才发展现状，要求英语教学顺应时代发展趋势，围绕跨文化交际的培养目标，在课堂教学中融入多元化的教学资源，有规划地进行人才培养，全面强化高校学生的跨文化交际能力水平。

（二）跨文化交际下的大学英语教学机制创新原则

1. 人本化创新原则

跨文化交际视域下，大学英语教学机制的创新，践行素质教育理念，遵从人本化创新

原则是必要的。依据大学英语教学的对象——学生，加强学生学情及未来发展趋势的分析，以跨文化交际思维为导向，开展英语跨文化交际的教学活动，学生融入其中，既获取英语语言信息，也提升跨文化交际能力，从而达到大学英语教学实践的成果。

2. 文化性创新原则

跨文化交际视域下，文化信息融入大学英语教学机制是必要的。通过文化信息的融入培养学生跨文化交际能力，使学生在理解文化的基础上运用英语运用信息、输出英语语言信息，不断增强学生语用能力，也更了解中西方文化的差异性。基于此，在大学英语教学机制创新中，遵从文化性创新原则，既重视英美文化的融入，也重视本土文化的挖掘，更重视沿线国家文化的融入，依托于文化视角，促进学生对多国家文化的掌握，以语言信息促进文化信息的输出，从而使学生成为国际化英语人才。

3. 互动化创新原则

英语作为一门语言学科，具有自身独有的教育规律，而将互动性融入其中，可辅助学生进行语言的良好学习。通过互动发展学生思维，使学生进行语言知识脉络的掌握，在文化认知的基础上进行语言互动，实现语言输出模式，从而不断提升学生跨文化口语交际能力。基于此，在大学英语教学机制创新中，应将跨文化交际思维融入其中，遵从互动化创新原则，不断提升英语教学实践的成果。

4. 网络化创新原则

教育信息化成为大学英语教学机制创新的主要趋势，也为英语学科教学载体的延伸提供保障，使学生既在高校课堂教学中获取英语信息，并进行英语语言的实践，也在网络平台中获取及实践英语信息，从而不断提升学生英语自主学习能力。例如，在互联网平台中构建英语资源库，包含英语书本资源信息、英语文化资源信息、本土文化资源信息等，使这些信息呈现图文并茂化，便于学生学习与掌握。同时，运用虚拟技术，构建网络语言交际平台，以文化打造语言交际空间，使学生在文化的辅助下输出英语语言信息，培养高校学生英语核心素养。

（三）跨文化交际下的大学英语教学机制创新策略

1. 利用模块化教学理论与方法，重构英语教学模块

在跨文化交际下，重构大学英语教学模块，可以实现大学英语理论教学与实践教学紧密相连，增强英语教学机制的理论联系实际，从而有效地培养和提升学生跨文化交际能力。首先，可通过设计跨文化交际知识模块，丰富大学英语教学内容体系，为英语教学机制创新提供跨文化交际支撑，有效化解因语言差异而产生的严重文化误解。在此过程中，相关大学英语专业教师可借助网络视频观看与课堂传授相结合的方法，完成对跨文化交际知识的传授，丰富学生的跨文化知识储备量。英语专业教师可以引导学生借助先进的网络信息技术，在相关平台中自主搜索有关于跨文化交际的知识内容，进行自主学习；还可以

通过教师自己开发、建设网络英语跨文化知识资源库，定期上传相关的知识内容与教学视频，供学生自主开展选择性学习，满足学生多元化学习需求。教学资源库的开发与设置，则需要大学英语专业教师遵循由易到难、循序渐进的课堂教学原则，注重系统性、科学性原则，在突出教学重难点的同时，保证教学内容设置符合学生学习能力。其次，指导学生根据教师所设计的学习提纲，自觉地进行课外拓展阅读，多阅读西方国家的文化知识书籍，观看西方文化电影等，更好地实现自身跨文化交际知识的丰富。此外，还可通过设计跨文化交际意识模块，帮助学生建立和提高对文化差异的敏感性，进一步完善学生自身语言理解与语言产出的自觉性。在此过程中，教师可以通过开展文化主题活动、线上线下实践性案例授课活动等方式，将跨文化知识与文化差异性有效融合在一起，指导学生以学习小组的方式对文化差异、矛盾等进行研究，使其在自主研究的过程中感受到跨文化知识的差异。

2. 利用混合式教学手段与方法，创新英语教学模式

首先，大学英语专业教师可尝试引入案例教学法、情景教学法、实践教学法、任务驱动教学法以及探究式教学法等教学方式，结合英语教学内容与跨文化交际能力培养目标，针对不同学生的个体差异问题，提出相应的学习任务，引导学生以小组合作学习方式自主探究跨文化交际能力的提升路径。其次，大学英语专业教师应注重现代化教学技术在英语课程机制创新中的有效应用，如借助微课、慕课等先进的网络教学平台，充分发挥其教学资源丰富的优势，进一步拓展英语课程教学内容和素材。再次，可帮助英语专业教师实现分层教学法，便于该专业教师对重难点知识进行分析与整合的同时，利用这些宝贵资源，借助新媒体与多媒体等新形势，结合线上线下混合式教学法，将其传授给学生，不仅可以有效提高学生的学习兴趣，调动其参与积极性，而且可以进一步提高大学英语课程教学有效性，辅助跨文化交际能力培养工作的有效开展。最后，英语专业教师还应协同高校领导及相关教育部门积极建立第二课堂，充分发挥实践教学作用与优势，组织开展多种多样的跨文化交际实践活动，如开展英语演讲竞赛、英语交换生、跨文化交际活动等；还可适当引入一些外教，以线上线下结合授课的方式，加深学生英语学习体验，使学生在与外教的沟通与交流中提升自身跨文化交际能力。

3. 升级英语跨文化师资结构，增强学生跨文化交际意识

在跨文化交际背景下升级英语跨文化师资结构，增强学生跨文化交际意识，首先可通过构建完善的大学英语招聘、选拔及聘请制度，为高校现有的英语师资结构引入一批具有国外生活经验，或是具有留学经验的专业教师担任该教学重任。这样不仅可以为现有英语师资队伍注入新鲜血液，以新带旧、以新促旧，而且可以潜移默化地增强大学英语专业教师跨文化意识，提高其培养学生跨文化交际能力的重视程度。其次，还应加强对现有英语师资队伍的培训力度，积极开展有利于提高其跨文化交际意识的相关培训活动，如引导现

有英语师资队伍定期到学校合作外交企业内部参与教研教改、实践实训、参观考察等，帮助英语专业教师形成良好的跨文化交际理念与能力，为增强学生跨文化交际意识提供有效支撑。此外，还可定期引进一批优秀的国外英语教育专家、教育学者等，到校内组织开展以跨文化交际为主题的学术座谈会、教研教改工作等，通过开展此类活动，增强英语专业教师与外国友人、教育专家、学者的交流，增强英语专业教师的跨文化交际意识。

总而言之，在经济全球一体化发展下，各大产业对跨文化交际人才提出专业上的要求。在语言表达能力上，需要高校学生在知识应用过程中，能够更加主动地了解语言背后的文化知识，完成语言更加精准的表达。在文化交际上，要保持较强的主动性，通过语言的交际完成文化的传输。为此，高校必须在跨文化交际下重视对英语教学机制的革新，教育工作者面对高校育人目标，应主动查找教学资源，并做出教学思路和内容上的调整，完成语言知识传输的同时，帮助学生了解更多的外来文化，实现教学效果和育人成效的协同提升。

第三节　大学英语教学模式构建及分析

一、远程教育背景下大学英语教学模式

科技的飞速发展促使社会不断进步，远程教育的教学模式的地位和重要性也在当代教育教学中逐渐凸显出来，促使教学模式不断得以变革，新的教学模式也不断出现。远程教育背景下，大学英语教学从教学模式角度来说，要明确教育的主要内容，即英语教学模式的改革和创新要服务于人才培养的目标，因此，教学模式的改革创新与发展实际上是一个比较复杂的过程。教学模式的不断创新，不仅能保证学习者的学习需求得到比较好的满足，而且有助于整个英语教学质量的提升。

（一）远程教学模式创新的意义

远程教育模式创新中，主要强调的是教学活动主体的转变，以学生自学为主，教师在教学中主要以指导为核心。远程教育模式学习者是教育的中心，多媒体教学资源通过教育平台进行分享，将以学生为主体的全新教学理念充分体现出来。先进的技术支持使得传统教学有了转变的机会。远程教育的发展注重对创新型人才的培养，尤其是信息化时代的到来，教育模式更加强调多元化、终身化和开放式。远程教育对开放教育的意义也是非常重大的，有助于开放式教育的进一步发展，对于中国特色远程教育新模式的构建有着重要意义。远程教育的发展需要转变教育模式，主要涉及教育理念、教学模式、教学内容和技术模式的转变。

（二）远程教育背景下大学英语教学情况

自 2020 年春季学期以来，各个高校都开始投身网络教学平台的教学研究当中，各个

专业也纷纷开始了远程教学活动的实施，而高校英语教学也不例外。总体来说，在远程教育背景下，高校英语教学确实面临着一定的挑战，如词汇学习与情境难以结合、传统英语教学方法僵化等。

1. 远程教学背景下对大学英语教师教学的要求

高校对远程教学的开展和对远程教育的推进，都需要借助网络教学平台，但是很多教师在教学平台运用的过程中还处于初级阶段，在虚拟的网络空间当中，如何完成教学任务、如何对学生的学习进行督促、如何更好地掌控教学进度、如何提升学生的学习兴趣、如何更好地调动学生的学习积极性，这些都是需要教师研究的问题。同时，也有个别教师还没有意识到教学环境的变化对学生的影响的改变，教学还是采用传统的策略和方法，远程教育仅限于放视频或者单纯的教师直播，没有互动和参与，学生难以真正进入学习当中。

2. 远程教育背景下英语学习者的情况

远程教育的学习者除了在校学生之外，也有一些特殊性的学生，学生在参与远程教育教学活动中，很容易受到多方面因素的影响。远程教育的英语教学与传统的课堂教学有很大的不同，更为注重学习的自主性和自治性。

（三）远程教育背景下大学英语教育模式创新点

1. 创新人才培养模式

人才培养模式的创新主要指既要对在校的学生进行培养，也要突出对社会其他成员的培养问题，即包含学历教育和非学历教育两个部分，从而为社会成员的终身学习提供支持和可能性；借助于信息技术进行教育现代化的实现，使得信息技术成为学校发展的平台；为社会其他成员提供学习资源，这就需要整合优秀的教育资源，构建社会教育教学资源平台。

2. 创新教学模式

教学模式的创新，主要指传统教学理念的改变，教学过程中更强调学习者的主体性。新的教学模式下，要多采用启发式教学、讨论式教学、探讨式教学等方法，激发学生学习的积极性，提升学生独立思考的能力。在进行教学制度和相关学习制度制定的过程中，要站在学生的角度思考问题，教学策略要突出人性化和个性化，这样才能提升学生学习的积极性，促进远程教育模式的发展。

3. 创新评价方式

在远程教育背景下，尤其是开放式教育教学当中，要突出多元化的评价模式，以发展性评价为主。与此同时，也要注重综合性评价方法的应用，在考试之外，还要增加学生实践参与的机会，进行综合考评。在考评的过程中，要突出学生解决问题能力的考核，形成全新系统的评价模式。课堂教学中，要注重学生课程表现和参与性，多组织小组活动，增加小组活动考评，构建完整的教学评价体系。

（四）远程教育背景下大学英语教学模式的实施

1. 观看视频进行学习

学校可以借助平台进行视频分享，将教师事先按照课程内容需要录制的视频统一上传平台，供学生自行学习。

2. 借助于互联网进行网络虚拟教室建设，完成学习

全国远程教育教学中，课程基本都是借助网络虚拟教室完成教学的，包括教师介绍、课程说明、教学大纲等众多教学内容，将课程的知识点基本涵盖，也会提供相关的参考资料以供学生进行辅助性学习。只要网络连接的地方，学生就可以随时登录网页浏览学习，这对于不方便到校学习的学生来说是非常方便的。

3. 借助于手机端进行学习

智能手机的普及给人们的生活带来了极大的便利，智能手机的功能也在不断完善，已经发展成为综合性的服务平台，将沟通交流、信息搜索、游戏娱乐、社会交往等都融入其中，满足了人们的各种需求。借助于手机终端进行远程教学的开展，使得远程教育有了更为便捷的平台。与全日制普通高校的学习形式不同，远程教育的面授时间并不是贯穿于整个学期的，辅助性学习的方式比较多，手机端的学习能够更好地提醒学生，学生可以借助手机平台接收信息和注意事项，教师也可以将重难点通过手机信息传输给学生，提升了教学和学习的便利性。

（五）远程教育背景下大学英语教学模式的创新

1. 借助于慕课，增强教学的灵活性和弹性

教师在备课环节就要对知识点进行分类，简单的知识点在授课过程中可以简要讲解，确保学生领悟了就可以；而需要学生参与实践操练的内容，则以培养学生英语的应用技能为主。另外，教师需要结合学生的整体情况适时调整教学难度和教学方法。这就需要教师了解学情，借助慕课灵活把握，有针对性地开展小范围授课，对学生进行针对性的知识点讲解和梳理，并通过测验和练习的方式帮助学生查缺补漏。对于学习能力比较强的学生，教师可以推荐相关的网络资源和视频，制订学习任务，对学生学习状况进行实时监测，保证教学目标的实现。

2. 推进互动式教学

教师在系统教学过程中，可以上传一些与英语教学内容相关的问题，引导学生进行问题的探讨，并在探讨的过程中给学生一些适当的启发，促使学生能够更好地进行问题的解答，进而提升学生整体的英语学习思维能力。在课后时间，可以鼓励学生借助电子邮件等方式与教师进行问题的交流与互动，将对问题的思考与教师进行阐述，教师可以结合学生的观点与其进行探讨，这样有助于提升学生英语应用的能力，也能提升学生的英语实践应

用能力。讨论结束之后，教师要将每一个学生的情况进行总结，将共性问题进行提炼，在下一次课上可以针对共性问题进行讲解，并对学生提交的结果进行综合考评，这样有助于学生对问题进行深入思考。教师在交流的过程中也要多总结、多思考，及时调整教学内容，更好地完成教学目标。

3. 引进激励机制，建立激励体系

在新的教学情况下，教师要有创新精神，制订个性化的激励方式，结合教学的长远目标和短期目标，制订相应的激励机制，促使学生真正行动起来，投入英语学习当中。教师设定的激励方式要有可监控性、可量化性，保持公正公平，体现程序化和规范化；要将物质奖励和精神奖励相结合，阶段学习结束后可以颁发荣誉证书，给予学生正向的激励，营造良好的远程教学环境。

综上所述，大学英语教师应该积极面对挑战，端正态度，投身教学变革当中，提升自身信息化教学的水平。采取多种教学方式，做好远程教学监督，不断提升学生英语学习的效果。

二、基于小规模限制性在线课程的大学英语多维教学模式

互联网、人工智能、物联网技术的飞速发展，信息技术与教育深度融合，为全球共享优质教育资源、高等教育开放式远程式发展提供了平台。继 2008 年慕课诞生和 2012 年的井喷式发展，以其为代表的一种崭新的远程开放教育模式迅速盛行于全世界。在学习需求全球化、终身化的发展趋势面前，慕课为高等教育提供了一种在线学习的策略，促使各高校为提升教学质量和办学声誉、开拓国际教育市场并加强对现有课堂教学的实践探索、研发创新。

尽管慕课具有受教规模大、课程资源丰富、开放性等特点，能够满足不同层次学习者的需求，但随着应用的推广，慕课的不足之处也越发明显，如教学模式单调、缺少对学生针对性的指导①，考核评价体系模糊，缺乏对学生的情感价值观和人文精神培养等。不仅会影响教师教学的积极性，而且会影响学生进入深度学习状态，从而带来不完美、有欠缺的学习体验感。

小规模限制性在线课程模式是在慕课的基础上创建出来的新型混合教学模式，它融合了传统课堂的面授教学和海量的网络教学资源的优点，实现了对传统教学模式的解构和重构。

在教学形式上，小规模限制性在线课程模式致力于混合学习，通过整合慕课的先进理念、海量的线上优质资源，重构教学模式，实现对不同教学目标、教学内容和学习者特点的有效逆转。小规模限制性在线课程模式下，利用智能手段、物联网技术，结合大数据时

---

① 蒋梦娇，邹霞．基于 MOOCs 环境的深度学习研究［J］．软件导刊（教育技术），2014（7）：37－39.

代的资源优势，探索能提升师生教学体验感，满足学生个性化学习、深度学习的教学方法，是笔者的研究动机。

（一）学习体验感成为学者关注的话题

学习体验感的提出是基于学生为教学活动的主体思想。近年来，随着线上线下融合式教学的蓬勃发展，越来越多的学者关注体验感这一话题，并展开相关研究。

国内有关学者提出，相对于在线学习而言，体验感表现为学习者对在线学习过程及结果的感知与情感反应。也有研究者认为，研究学习体验感可以从个人经历和社会互动两个方面出发，学习体验感不仅来自学习过程和学习结果，而且反映了学习者的体验交往和价值判断。

人工智能等技术的应用普及，对高等教育、开放教育提供了技术、资源的支持和模式创新的需求。尤其是兼顾语言交际和文化交流功能的大学英语教学，如何从“广度”“深度”和“宽度”层面实现学习效果的推进、如何提升在线学习的体验感、获取对智慧教学模式更广泛的支持度，已逐渐成为教学工作者关注的重点。由此可见，探索基于小规模限制性在线课程大学英语多维化教学的创新模式是极富实践意义的。

（二）基于小规模限制性在线课程的大学英语多维化教学模式设计

基于小规模限制性在线课程的大学英语多维化教学模式可以理解为小规模限制性在线课程平台、慕课资源和传统课堂教学的融合，这种融合不仅有助于提升教师的教学理念和方法、提高学生的选课规模，而且增强了学生对学科知识的掌握和主动参与。

1. 教学体系设计

依据国内外学者探索建立的课堂模式，结合学习者特点、学习需求和活动导向理论，尝试构建基于小规模限制性在线课程平台的大学英语多维化教学模式。该教学体系设计主要围绕教、学、考核三部分进行，包括教师授课模块、学生自主学习模块、互动模块、过程监督模块、考核评价模块、成长激励模块，如图 1-1 所示。

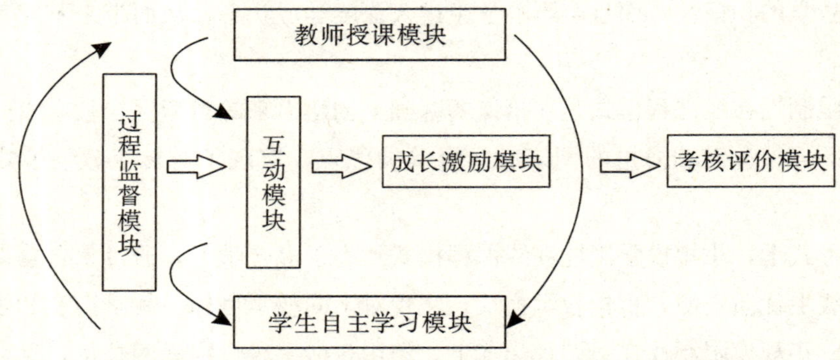

图 1-1　基于小规模限制性在线课程的大学英语多维化教学体系设计

其中，教师授课模块含线上和线下教学，学生自主学习模块包括按照教师要求完成的必学任务和自由拓展的沉浸学习，图 1-1 展示了基于小规模限制性在线课程的教学体系，是一个融合线上、线下，传统课堂和智能化教学为一体，凸显学生学习主体地位和学习需求的多维化教学模式。

依据上述模型，基于小规模限制性在线课程的大学英语课程基本资料非常丰富和细致，将按照在线教学和课堂教学重构包括教学大纲、学习目标、自主学习时长、考核评价方法和标准、学分和证书颁发等细则。其中设计课程大纲、学习目标都要简单、明确；自主学习时长的要求要能体现小规模限制性在线课程学习的灵活和自由；对预学知识的要求则应详细而全面，以便学生能够抓住要点；考核评价标准不仅要科学、准确，而且要以能促进学生的积极性和主动性、提高课程完成率为导向来制订。

2. 教学过程组织

（1）学生自主学习。教师首先在小规模限制性在线课程平台推送主题相关学习资源、发布学习任务，让学生课前自主学习。就大学英语课程来说，主题相关的国际化英语资源非常丰富，可以极大地满足学生听、说、读、写、译的需求，构建语言文化交际的国际化视野。此外，学生借由教师分享的平台、资源链接、话题等，实现以兴趣为导向的自主探索，从而实现主动学习、个性化学习和深度学习。

教师发布的学习任务，主要是在线观看小规模限制性在线课程平台推送的教学微视频并完成相关的学习任务。微视频包括且不限于国际知名大学慕课平台的教学资源，更注重的是根据教学目标、教学计划等对传统课堂内容进行解构、重构后创建成若干教学微视频。通常微视频的时长在 10 分钟左右，以满足碎片化学习的需要，同时满足因个体水平差异而产生的深度学习需求的不同，实现因材施教。

在线自主学习形式多样，除了学生独立学习外，还含有小规模限制性在线课程平台交流区的在线交流、讨论、协作式任务完成，上述的互动交流也不限于学生之间，师生即时交流、答疑也是小规模限制性在线课程平台的特色之一。

（2）教师授课环节。区别于慕课、小规模限制性在线课程平台下的教学模式，其融合了传统的课堂授课环节，这一环节中教师的角色依旧是学习的辅助者。借助于小规模限制性在线课程平台的数据分析统计功能，教师需要对之前发布的线上学习任务进行统计分析，然后确定学生学习过程中的难点知识并于课堂面授解惑，强调知识重点，解决学生的共性困难。

线下课堂也是预学任务的展示和互评时刻，通过教师点评、学生自评、同学互评等教学环节，强化语言点，提升英语交际能力和表达能力。

（3）多维化教学过程。教学过程管理包含三个部分：过程监督模块、互动模块、成长激励模块。其中互动模块包括师生间的反馈互动、同学间互评互动；过程监督模块主要标记和记录学生的过程参与度时长和学习任务的完成度；成长激励模块构成元素包括学习时长、学习感悟、交流讨论区的参与度等。

这三部分实质上贯穿于整个教学体系中，将教师授课和学生自主学习有机地融合起来。表面看来是无关于语言知识的内容、无所谓价值，实际上是引导、鼓励学生主动学习、自发学习的利器，恰恰是实现个性化学习和深度学习的重要推力。

教学过程具体设计如图 1-2 所示。

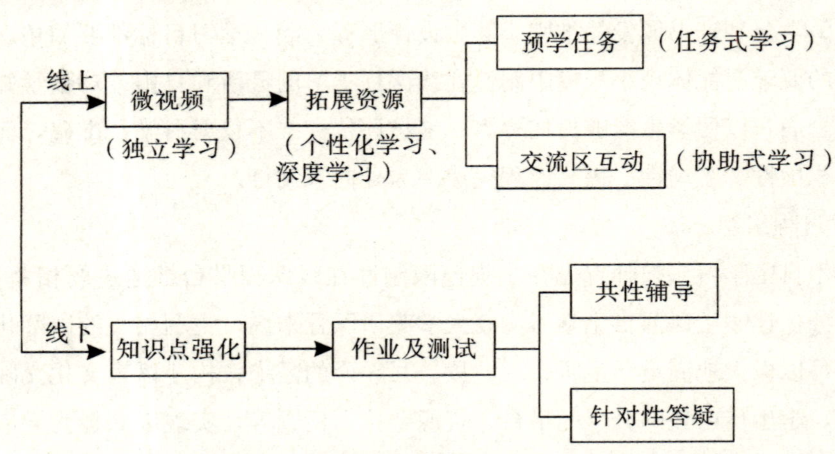

图 1-2　基于小规模限制性在线课程的大学英语多维化教学过程设计

（4）考核评价。考核评价模块采用技术分析手段，结合过程性评价和终结性评价两种模式。过程性评价指教师借助小规模限制性在线课程平台，对学生线上学习的时长、学习任务的完成度、交流讨论区的参与度等数据整理分析形成过程性评价。终结性评价来源于传统的期末考试方式。二者相结合的考核评价方式，使得教师能够动态地、尽可能客观而全面地了解学生学习的真实情况，有助于督促学生的学习进展而不是只关注最终考试成绩。

具体说来，考核评价的内容包括小规模限制性在线课程平台上预学任务的完成情况、阶段测试结果、交流区互动参与、作业及测试，以及线下面授教学的表现，考核结果通过自我评估、同学互评、教师评估及考试获得。这种多样化的学习评价方式能够较客观地反映学生的学习效果，更有利于提高学生的主动性。

三、成果导向教育理念下大学英语教学评价模式构建

成果导向教育理念认为，学生的学习过程应该是合作、发展的过程，而不是相互竞争的过程，强调每个学生都可以成功。因此，成果导向教育理念是根据学生应该具备的能力，设定教学目标，组织实施教学活动，更加注重学生学到了哪些内容，有哪些进步；教学过程由以教师为中心转为以学生为中心，注重个性化教学。在此理念下，英语教学评价也应该重视过程性评价，在动态的过程评价中，适时调整教师教学策略和学生学习方式，以便提高英语教学质量更高，提升学生的英语专业技能水平。

（一）大学英语教学评价模式构建的原则

1. 主体性原则

教学评价的基本理念是从学生全面发展的需要出发，促进学生学习方式的变革。评价结果是对教学活动进行反思的依据，是对教学方法进行调整的信号。所以大学英语教学评价过程要以学生为主体，多方面评价学生的英语学习成效，以便教师对教学做出针对性整改，能够因材施教。教师要将学生的主体性发挥出来，要求学生对自身进行评价、同学之间相互评价，因为学生在英语学习过程中，对自己的学习情况最了解，知道自己有哪些不足，设定的学习目标会更符合自身实际，这样可以让评价结果更加实际、客观。

2. 过程性原则

过程性评价注重学生的英语学习过程，关注学生学习过程中的学习态度、学习体验，关注学生提出问题、讨论问题和解决问题的能力，更关注学生是不是学了、是怎样去学的、收到了哪些效果等方面的内容①。既看其英语学习的结果，更看其学习的过程，这样的评价方式能全面地反映学生的英语学习情况。

3. 发展性原则

发展性原则是指英语教学评价要重视学生的发展。任何学科的教学评价都应该以促进学生的综合素质提高为目标，大学英语也不例外，要通过科学的英语教学评价，促进学生进步发展。将学生所具有的英语专业知识和职业技能等与社会发展所需要的能力对应比较，对学生的英语知识和职业技能学习进行综合评价，促使每个学生在自己原有的基础上都能得到很好的发展。因此，具有发展性的英语教学评价是动态灵活的，评价要关注学生学习过程中的进步，哪怕是微小的进步，也是学生英语学习过程中的动态正向发展。

4. 激励性原则

激励性原则是指教学评价要能将学生的学习积极性调动起来，满足学生的成功需要，让学生通过相对全面的评价结果，看到自己的进步和不足，用积极的心态投入英语学习。具体来说，鼓励性的教学评价要在评价结果中突出对学生的肯定，让学生的学习热情不受到打击②。因为英语学习是长期积累的过程，可能有的学生一个阶段的学习之后并没有特别明显的进步，但也要对其有进步的地方进行鼓励，让学生能够在学习评价中获得成就感，促使其不断进步。

（二）成果导向教育理念对大学英语教学评价的启示

成果导向教育理念倡导以学生为本，提倡教师根据教学成果反向进行教学设计，根据

---

① 孙雪梅．高职英语教学评价探析［J］．安徽工业大学学报（社会科学版），2019，36（6）：71—73.

② 杨国兰．构建职业导向下的高职英语教学评价模式［J］．陕西青年职业学院学报，2019（4）：39—41.

教学目标选择相应的教学方法，帮助学生提升专业能力[①]。在成果导向教育理念下，大学英语教学评价过程应该多方面、多角度对学生的学习效果进行评价，要注重学生能力的多元发展，让教与学真正结合在一起。要根据学生需要具备的专业技能，将学生的学习成果具体化，通过多方面的内容、多元化的方法评价学生的学习情况。

（三）成果导向教育理念下大学英语教学评价模式构建

1. 评价内容要尽量涵盖多方面

影响学生英语学习质量的因素比较多，主要包括学习环境、教师教学方法、自身学习态度、学习能力等[②]。在这些影响因素里面，学生自身的学习态度和学习能力对英语学习有很重要的影响。因此，对学生的教学评价内容主要围绕学生的学习态度及学习能力进行。学生的学习态度主要包括英语课前是否进行相关知识的预习、在课堂上是否遵守课堂纪律、听课过程中和教师的互动情况如何、是否积极认真回答问题、课后对教师布置的英语作业是否认真按时完成等。学习能力主要包括对英语新知识的接受能力，英语专业知识运用能力，在学习过程中的自学能力、解决问题的能力，与其他学生合作学习的能力，在学习期间有没有参加过英语知识技能相关的比赛、有没有获得相应的奖项等。确定了评价内容，要对每项内容进行合理的赋分，原则是对可以量化的内容进行科学赋分，而无法量化的，要尽可能地多角度对学生进行考查后，再进行合理赋分[③]。比如，学生是否遵守课堂纪律、课堂表现情况如何、有无参加英语技能比赛等都可以直观表现出来，可酌情提高这些指标的分值。

2. 丰富教学评价方法

教学评价的方法要尽量多元化，教师要依靠平时课堂教学中的观察、课外和学生的交流以及阶段测试对学生进行评价。课堂观察需要教师多留意学生在课堂上的表现，例如从学期开始，就记录学生的出勤、回答问题等情况，而通过长期观察，教师就可以对学生的学习态度、学习风格有基本的了解。课外交流可以很好地拉近师生之间的距离，教师也能了解学生更多的个人学习情况以及对英语学习的需求，既可以根据学生的学习情况对其进行指导，也可以根据学生反映的问题改进自己的教学方法。交流过程中，教师要以鼓励为主。对于英语基础较差的学生，教师要引导其进行自我比较，只要这个阶段比前一阶段表现好就是进步，应该得到表扬，这样会让学生有学习成就感。阶段测试是检验学生学习情况的有效方式，主要考查学生对英语知识的掌握情况[④]。教师可以结合教学实际，在期末

---

① 明禹杉，姜茉然．试论“OBE”理念下大学英语教学评价模式构建［J］．黑河学院学报，2019，10（1）：116—118.

② 潘卫华．形成性评价与大学英语教学评价体系改革策略研究［J］．英语广场，2021（16）：113—115.

③ 田文燕，欧蕴灵．成果导向理念下大学英语评价模式的研究［J］．山西能源学院学报，2019，32（2）：55—57.

④ 汪孝恩．高职综合英语教学评价方式研究［J］．海外英语，2020（5）：99—100.

测试的基础上，增加单元测试、小组作业、期中学习自我反思等方面的内容，提高学生的合作能力、反思能力等，要让英语学习成为一个长期持续的过程，让学生能稳步提升英语专业知识及技能，使学生认识到英语成绩的提高是平时踏实努力学习的结果。

3. 综合运用形成性评价和自我评价

形成性评价是通过对英语教学活动的科学诊断，为正在进行的教学活动提供反馈信息，让英语教学过程一直良性发展。形成性评价是教师和学生对教学模式的评析，可以反映出英语教学过程中存在的问题，更加侧重的是教学方法的优劣比较。而自我评价是学生在英语学习过程中，根据自己的英语水平和实际学习情况，对自己的学习成果的评价。学生自我评价是在结合自己的学习能力、期望的学习成果等基础上进行的，在进行自我评价时要做到客观全面。因此，学生自我评价的侧重点是每个学生个体对自我学情的评价，从中找出影响英语学习成果的因素，找到解决方法。将形成性评价和学生自我评价结合起来，可以更好地查找英语教与学中存在的问题，进行针对性解决。二者的综合运用，要和英语教学过程同步进行，贯穿于整个英语教学过程，细化到每个教学单元，甚至每个课时，让教法更科学、学法更适合，既要以教促学，又要以学论教。

（四）进行大学英语教学评价时需要注意的问题

1. 评价过程要客观公正

英语教师对学生进行评价，要按照评价的内容，结合平时的教学过程，对学生进行客观评价。有的评价内容需要综合考虑学生自评、互评的结果，因为不同的评价主体可能会对相同的评价内容得出不同的分值。教师要将学生评价的结果和自己的评价结果进行比对，看看在同一评价内容上的分值有无差异，差异大还是小。如果差异较小，说明评价过程比较客观；如果差异较大，则需要和学生进行交流，看看评价主体是如何理解一些评价内容的，有没有存在理解偏差，有没有认真地进行评价，要尽量让评价结果更加有说服力。此外，需要注意的是，基于成果导向教育理念的教学评价更强调学生的主体地位，学生自评和互评也是教学评价中的重要部分。但如果有学生为了获得较好的成绩而进行不真实的自我评价，就失去了评价的意义。因此，英语教师要付出精力和时间，平时多观察学生，对学生的学习情况有基本的了解，防止学生进行不真实的自我评价。

2. 正确看待评价结果

评价结果要合理使用，不能完全按照评价结果将学生人为地划分优、良、中、差几个等级，而要注重学生的自我横向比较。但是如果学生连续几次的评价结果分值都比较低的话，就说明其学习过程存在问题，教师要及时地帮助学生查找不足，找出解决问题的办法，帮助学生进步，这也是教学评价在英语教学中反馈功能的积极表现。

基于成果导向教育理念的大学英语教学评价模式，兼顾了学生的学习成果和学习过程，评价更加人性化。在具体的实施过程中，教师要结合英语课程的特点及学生的实际学情，以英语学科的成果导向为核心，利用多元的评价方法，并结合学生自评和互评，对学生进行全面评价，以获得更加具有参考价值的评价结果，反馈出英语教与学中存在的问题，促进教学质量提升。

第二章　大学英语阅读教学分析

作为当代大学生的主要课程之一，英语阅读课程在扩大学生视野、拓展知识面、提升综合能力等方面发挥着重要作用。基于此，本章就大学英语阅读教学现状及其模式的创新进行分析，还提及了不同理论在大学英语阅读教学中的应用。

第一节　大学英语阅读教学现状及问题

一、大学英语阅读教学现状分析

（一）因势利导，做好衔接

随着改革的不断深入，高中英语的课程结构、教学方法和教学评价等面临转变，特别是在英语综合应用能力的培养上，对学生的语言能力、文化意识、思维品质和学习能力等英语学科核心素养的培养与教学构建成为教学改革的重点及面临的主要问题[①]。大学英语教学承担着衔接高中英语教学的使命，必将在诸多方面面临新的机遇与挑战。大学英语的教学目标是培养学生的英语应用能力，增强跨文化交际意识和交际能力，同时发展自主学习能力，提高综合文化素养，使他们在学习、生活、社会交往和未来工作中能够有效地使用英语，满足国家、社会、学校和个人发展的需要[②]。

（二）阅读水平，检验实力

阅读水平体现学生的语言综合应用能力，因此，阅读课在大学英语教学中的作用不可小觑。如何提高学生的阅读能力也是大学英语教师一直在探索的问题，同时他们也将培养学生阅读能力作为教学的中心。当前，大学英语阅读教学也历经了一定程度的改革，如翻转课堂、微课及慕课等新教学形式的兴起。这些改革虽然在提高教学效率、促进师生互动及增加课堂信息量等方面起到了积极作用，但在实际教学中，对于语篇的全面理解和认知还没有深入开展。因此，在阅读课中引用语篇分析机制很有必要。语篇分析从宏观角度出

---

① 吴霓，郑程月．新高考改革背景下高中英语教学发展现状、问题与对策［J］．课程·教材·教法，2020（10）：82—89.

② 教育部高等学校大学外语教学指导委员会．大学英语教学指南（2020 版）［M］．北京：高等教育出版社，2020.

发，教师在教学过程中引导学生分析阅读材料的结构和主旨思想，使学生先从总体上了解语篇，然后分层次对阅读材料进行理解和学习。这样既有利于提高学生对语言的实际应用能力，又有利于培养学生的思辨能力，更有利于打破片面、僵化的传统教学模式，为构建智慧阅读教学起到积极良好的辅助作用。

二、大学英语阅读教学问题分析

（一）学生缺乏学习动机

部分学生的英语阅读学习是被动的，他们简单地认为英语学习的目的就是通过期末考试和大学英语四、六级考试。加上英语是他们的外语，没有语言环境，所以部分学生对英语学习缺乏自信心和动力。

（二）学生缺乏阅读技巧

部分学生采用指读、唇读、默读、回读、边查字典边读、逐字阅读等阅读技巧，但是大学英语阅读具有材料难度大、内容涉及面广、篇幅长等特点，这些技巧基本不适用，既影响阅读速度，也影响对文章整体意义的理解。

（三）阅读内容难度系数偏大

通过课堂观察，发现学生存在一边阅读一边查词的现象，部分学生在阅读文章的过程中只注重文章中的生词和短语，对文章整体意义的理解和篇章结构的掌握差强人意，原因在于阅读材料难度系数大，学生读不懂材料。而部分教师在教学过程只关注词汇、语法等问题，忽略了对文章内容重点和难点的突破，没有从句法篇章的角度对文章进行讲解，增加了文章的阅读难度。

（四）学生缺乏相关人文知识

部分学生认为只需要增加词汇量和学习语法知识就可以提高阅读能力，其实不然。大学英语阅读内容涉及天文、地理、文化、政治、经济等方面的内容，如果学生对英语国家的文化传统、风俗习惯、历史等方面的知识了解得不够深入，那他们对文章的理解就会出现偏差甚至是歧义，阅读效果不尽如人意，阅读能力也很难得到相应的提高。

第二节　大学英语阅读教学模式的创新

“互联网＋”时代背景下，通过信息技术、线下智慧教学平台，营造智慧教学环境，构建“线上＋线下”的大学英语阅读“翻转课堂”，是顺应“教育信息化 2.0”的应有之义，也是重新构建大学英语学科育人理念的体现。“互联网＋”时代背景下的英语阅读教学“翻转课堂”转变了传统英语阅读课堂“知识化”教学方式，借助线下教学平台为学生提供自主学习的新途径，充分发挥学生英语阅读学习的能动性。教师及时收集学生自主学习的信息反馈，准确掌握学生自主学习情况和英语阅读学习诉求，有助于教师根据学生的个性化发展需求优化、调整后续教学计划、教学流程，合理筛选英语教学内容，为学生提供有针对性的高质量英语阅读教学，满足学生的个体诉求，激发学生英语阅读学习兴趣，培养学生阅读思维能力，全面提升大学英语教学质量和教学效能，促进学生在“互联网＋”时代背景下跨文化交际能力以及综合语言运用技能的提升。

一、大学英语阅读教学创新的必要性

随着“互联网＋”时代的到来，信息化技术全面渗透社会发展的各个层面，互联网与教育领域的融合不断加深，教育信息化逐渐成为教育发展的必然趋势。在“互联网＋”的大环境下，英语阅读教学必须在教学观念、教学方式上进行改革创新，突破传统英语阅读教学思维方式，结合学生认知发展规律，优化英语阅读教学模式，构建与学生个性发展相契合的教学体系。

在“互联网＋”时代背景下，学生获取知识的渠道更加多样化，学生通过多元化的信息源，延伸、扩展课内英语阅读学习内容，获得阅读文本背后蕴含的更加具体、丰富的西方历史和文化背景的信息。基于大学英语阅读教学的实际以及“教育现代化”建设的要求，高校教育主体应积极探索“互联网＋教育”的新型教学模式，充分利用互联网等新媒介平台和数字化、信息化技术，挖掘优质教学资源，创新阅读教学方式，主动拓宽教学途径。同时，教师在学生了解西方文化的过程中应重视培育学生文化自信意识，以坚定文化自信作为阅读教学的价值导向，既要传授语言知识，又要落实立德树人的教育目标。教师在讲解阅读背景时，应有意识地渗透中华传统文化要素，在引入西方文化的同时，向学生输出中华优秀传统文化，通过文化对比，引导学生体会不同民族文化间的差异，树立正确的文化观念，感受传统文化的独特魅力，在尊重文化多样性的前提下，坚定学生的文化自信。

二、“翻转课堂”的英语教学新形态

“翻转课堂”是“互联网＋”时代背景下大学英语阅读教学创新的有效形式，是推进大学英语阅读教学改革的新趋势。“翻转课堂”是指教师在开始课堂教学前，通过网络等新教学媒介向学生提供教学资源、发布预习任务、布置练习作业，构建以学生自主学习为主导，以教师教学引导为辅助，满足学生个性化学习诉求的新教学模式。借助互联网实现师生、生生间实时交流、沟通，增加教学的及时性和互动性，强化学生学习动机，使学生快速进入课堂学习状态，积极主动地与教师进行互动，完成作业，从而实现知识的固化。

在大学英语阅读课程教学中，教师在明确阅读教学的主题以及教学目标的前提下，利用线下学习平台上传学案、布置预习任务，为学生自主学习提供方向，引导学生借助互联网平台查找与阅读教学内容相关联的资料与话题。学生通过自主探究或合作探究的形式，将查询到的信息进行归纳总结，并在搜集信息的基础上根据自身对资料的理解进行二次加工，有效地梳理碎片化的知识，将其整合成系统化的知识体系。在学生收集信息并对其进行加工的过程中，既能增加学生的阅读能力，扩充学生的阅读知识面，又能帮助他们更好地了解资料所蕴含的多元文化信息，提高学生获取信息、筛选以及整合有效信息的综合素质能力。一方面，为学生开拓了课外阅读的空间和途径，丰富了学生的文化底蕴，使英语阅读教学从内容到形式都得到了丰富；另一方面，通过“翻转课堂”为学生提供了了解不同民族文化的渠道，使学生正确认识不同文化间的差异性，引发学生跨文化思考。同时，“翻转课堂”为学生营造了跨文化交流、学习的教学情境，在阅读教学过程中培养学生跨文化交际意识，发展学生跨文化交际能力，使学生在英语阅读教学中进行跨文化交流，从而提升学生英语语言应用水平，达到英语听、说、读、写、译的目的，发挥语言学习的实用性，落实大学英语课程人才培养的目标与要求。

三、基于“翻转课堂”的大学英语阅读教学创新模式

（一）课前教学过程

课前教学是“翻转课堂”教学模式的首要过程，是师生双方开始正式课堂“教”与“学”的预热阶段。在教师和学生双向的“教”与“学”的过程中，整合知识结构，提升“教”与“学”的有效性。课前学习阶段是学生对新知识主动的意义构建的过程，学生自主学习的成效会直接影响正式课堂学习效果。教师在以“翻转课堂”为基础进行阅读教学设计的过程中，应充分认识课前教学准备阶段对课堂教学的重要作用，引导学生有效地进行自主预习。

首先，教师应做好前期分析工作。在课堂教学前，教师应深度研析阅读教学目标以及教学内容、分析学生现阶段的知识技能水平，准确判断、合理把握学生的最近发展区；结合学生学情，明确教学的重点和难点内容，将整体教学目标分解为具体化的教学内容；根据分解细化后的教学目标，设计教学任务，引导学生课前阶段进行有目的的自主学习。同时，为教师设计优质课前在线教育资源奠定基础。

其次，教师根据教学目标和教学任务，结合教材制作课前导学视频、知识点讲解 PPT 以及参考资料等，将其上传至学习平台，同时发布自主学习任务。教师通过上传教学资源，为学生梳理单元知识点，使学生明确本单元的学习重点、难点以及学习目标和学习方法，了解即将学习的基本语言知识，掌握单元文章以及句式结构的基本特点，促进学生进行新知识的意义构建，实现有效学习。

再次，学生根据教师发布的教学资源进行有目的的自主预习，完成自主学习任务，并

将完成后的自主学习任务及时提交，教师通过数据监测以及学情分析功能，及时统计学生的自主学习情况，接收学生自主学习信息反馈。根据数据化统计的学情数据，有目的地调整教学计划。同时，学生也可以通过线下学习交流群，将自己不理解的知识点以及疑难问题与同学和教师进行讨论、交流。在此过程中，教师应有效回应学生的互动，给予学生及时反馈，通过引导和启发，帮助学生理解新知。教师根据学生自主学习任务完成情况，围绕学生自主学习任务，布置课前知识检测，设计层级问题、生活化问题、趣味性问题，满足全体学生的学习需求，激发学生的学习动机。学生在完成知识检测的过程中，同样可以与教师和同学针对所遇到的难题进行交流互动。

最后，教师通过学生自主学习过程中持续性的信息反馈，根据学生自主学习任务以及课前知识检测的完成情况，及时调整、优化教学内容、教学方法，有针对性地设计课堂教学活动，使阅读教学适应学生的最近发展区，充分满足学生的学习需求。

（二）课堂教学过程

以《新时代职业英语通用英语 1》Unit 1 Hobbies 中“The Pride of China”阅读教学为例。

首先，教师通过创设问题情境，以问题为驱动，激发学生的学习兴趣，保持学生的学习动机。教师根据阅读主题提出问题：What do you think are the pride of China? 教师通过创设问题情境，以问题为驱动，激发学生的学习动机，在阅读文本与学生生活实际之间构建紧密的联结，引发学生关于“The Pride of China”的思考，引导学生根据已有生活经验回答问题，为学生学习营造轻松愉悦的学习氛围，在真实的问题情境中激活学生的“前理解能力”，使学生借助原有的社会经验和背景知识同化或顺应新知。

其次，教师将教学内容分解成多个学习任务，以问题的形式呈现教学内容，深化问题情境，引导学生通过自主探究或者合作探究的形式获得解答问题的线索。在学生积极参与课堂讨论的基础上，通过多媒体课件向学生展示已经上传到网络平台第二课堂中的视频文件。同时，教师引导学生分享在自主学习阶段根据学习任务收集的中华优秀传统文化以及具有代表性的历史人物事迹，随即提出问题。教师在遵循学生认知规律和教育规律的基础上，设置具有导向性的层级问题，引导学生在层层深入的问题情境中思考“The Pride of China”这一问题，实现由低层次思维向高层次思维的转变。

再次，布置学习任务，组织学生协作探究。教师结合课前阶段布置的自主学习任务，布置课堂学习任务，发挥学生信息提取、筛选的综合能力，培养学生在阅读文本中提取有效信息的阅读能力，帮助学生实现将碎片化的信息整合成为系统化的知识结构，促进学生深度学习。同时，通过在网络平台创建第二课堂，结合学生课前收集的资料以及教师上传的教学资源延伸阅读文本的内容。

最后，展示学生任务完成情况，引导学生阅读思维向深处发展。在学生阅读、讨论、交流的过程中，学生已经完成对新知识的意义建构，已经形成对阅读文本的整体感知。此外，教师应立足阅读文本教学，从阅读文本内容延伸到中华优秀传统文化所蕴含的价值意蕴，深化学生对传统文化的认知，培养学生的民族认同感、自豪感。

（三）课后教学过程

课后教学是总结归纳课前教学以及课堂教学过程的整合环节。一方面，教师引导学生将课堂上的重点知识以文本或思维导图等不同形式上传至线下教学平台，进行知识的归纳与总结，实现学习资源共享；另一方面，教师结合阅读教学内容，根据课堂上学生对阅读文本以及其蕴含的深层次文化意蕴的交流、讨论，在网络教学平台布置课后作业，使学生将课堂讨论的学习成果书面化，发展学生写作能力的同时，培养学生的跨文化意识以及文化自信意识。

“互联网＋”时代背景下，教育主体在遵循教育规律的前提下，积极转变教育理念、教学方式，探索与教育现代化建设相契合的教学模式，是顺应高等教育领域综合改革和创新发展的必然趋势。通过在大学英语阅读教学中引入翻转课堂这一教学新形态，为学生构建真实、直观的学习情境，将学习转变为一种自主性的行为。翻转课堂既可以优化英语阅读教学结构，增加教学的及时性和互动性，也可以扩充学生的阅读视野，提升学生综合运用英语语言的能力。同时，在培养和发展学生语言知识的基础上，强化学生的跨文化意识以及跨文化交际能力，为社会发展输送高质量的综合型人才。

第三节　基于不同理论的大学英语阅读教学

一、基于支架式教学理论的大学英语阅读教学

立足于支架式教学理论衍生的支架式教学模式，是一种以构建主义学习理论为前提，以学生为核心，以强化学生问题处理能力为导向的教学形式。通过支架式教学模式，能够循序渐进地指导学生，按照对应的提示或线索，沿着支架有序进行提升和学习，并逐渐探索存在于学习中的问题，通过掌控学习知识，探索问题解决能力，最终成为一个可以独立解决问题的学生。通过支架式教学模式的应用，能够强化学生的学习兴趣和能力，并推动学生展开阅读教学资源的利用和开发。将该教学模式落实到大学英语阅读教学中，可以大幅度提升英语阅读的教学效果。

（一）大学英语阅读教学中支架式教学的意义

支架式教学可以为学生的知识理解提供指导，是英语教学过程中与“教”“学”理念密切关联的学习理论。教，指的是通过教师指导学生建构知识、能力体系，促进学生持续提升自我，深度挖掘潜力的过程。在特定语境下，学生可以通过自我努力或是他人的帮

助，借助学习素材或学习方式获取知识。学，指的是学生构建知识体系的过程。在大学英语阅读教学中，教师需要因材施教，为学生提供有效的指导和鼓励。在学生能力不断提高的过程中，教师应尽可能减少支架的辅助作用，帮助学生发挥自主解决问题的能力，以此提升学生的阅读能力。

在现阶段的大学英语阅读课堂教学中，课堂效果与预期相差甚远，导致这一问题的原因在于部分教师主要将词汇、语法讲解作为核心，在课堂教学过程中理论教学相对枯燥，导致部分学生误解英语阅读学习，将大部分精力放在语法分析、单词应用方面，这也使得学生的英语阅读文章理解局限在表面，仅是明确词汇的含义，却无法分析出文章中隐含的真实含义和逻辑，更无法依据阅读后的心得体会发表见解。而支架式教学能够通过一层一层的支架搭设，引导学生进行思考，根据文章内容分析文章的真实意义。

（二）基于支架式教学理论的大学英语阅读教学策略

在教学过程中，大学英语教师可有效融合支架式教学理论与英语阅读教学，同时积极引进互联网信息技术，帮助学生展开英语阅读课外学习，丰富课外阅读学习形式，促进学生主动参与到英语课外阅读中，实现阅读课内外教学相融合的效果。

1. 创设阅读学习框架

在课堂教学正式开始前，大学英语阅读教师需首先优化阅读教学准备工作，充分融合阅读教学目标以及支架式教学模式，通过完善的学习框架架构，提出与学生学情相贴合的问题，并根据问题做出引导和启发，使得学生能在后续的阅读学习过程中解决自身存在的问题。在问题解决后，学生能在此基础上由浅入深地汲取阅读学习框架知识点，在持续提升英语阅读能力的同时，拓展英语阅读知识面，强化对英语阅读的深入理解。

2. 创设阅读学习情境

在阅读教学过程中，大学英语教师需重视阅读学习情境的构建，充分融合阅读教学情境与内容，在兴趣层面激发学生讨论阅读问题的积极性，确保学生可以主观进行阅读结构、内容、单词等方面的学习，提升阅读教学的实践效果。

3. 完善教学形式

大学英语教师想要在阅读教学中发挥出支架式教学模式的优势，应以支架式教学结构为基础完善教学形式，并利用科学的形式引导学生，确保学生能够在阅读过程中独立合作学习，强化学生自身综合能力。在开展阅读教学内容学习的过程中，提升学生自主阅读学习效果。在实践过程中，可以根据如下方式进行。

第一，大学英语教学应面向学生传授独立阅读探究学习理念，推动学生进行文本阅读的总结，并通过归纳知识点，强化学生的问题解决、应用分析能力。这需要教师提前收集学生学习信息，详细了解学生的阅读学习现状和进度，并以学生的知识点掌握情况为前提，深入展开多元化设计工作，随后围绕支架式的教学框架问题进行构建，使学生可以通过解决问题，强化自我英语阅读能力，主动参与英语阅读知识学习探究中。在这样的教学模式下，学生可能会碰到多样化的问题，有些问题学生可以凭借自身能力独立解决，但有些问题则需要在教师的引导和帮助下进行，因此，教师应重视对支架式学习的把控，探索存在于学生独立学习中的问题，并为其提供针对性引导，有序强化学生的问题解决能力。在学生达到一定基础后，教师再逐步放手，使学生能够在独立学习中深化阅读问题的解决效果，在潜移默化中强化学生的自主学习能力。

第二，阅读教学可以通过小组合作的形式进行，在引导学生分析阅读内容、背景、中心思想的过程中，将学生划分为不同的小组，同时鼓励每一个学生在小组中发挥积极作用，强化学生的主体地位和意识。教师可以有序结合支架式教学要求、阅读教学目标，依据学生实际情况设计课堂教学的情感教学目标、知识教学目标等，并遵循每个学生的个性化发展需求进行学生分组，使学生以小组为单位展开阅读探究学习。

第三，教师需结合互联网技术的发展，帮助学生展开英语阅读学习，同时进行课外阅读设计，帮助学生解决互联网阅读框架问题，深化文化背景、英语知识等学习内容，补充学生的英语文化储备，拓宽学生的英语知识渠道，丰富学生的语言表达形式。在课下阶段，学生也可通过互联网查找英语阅读知识，强化学生的互联网学习能力，在拓展学生知识面的基础上，满足学生的基本阅读需求。

4. 完善教学效果评价

在大学英语阅读中落实支架式教学理念，教师应注意完善效果评价，既要对学生的英语阅读学习进行主观评价，也要组织学生之间进行小组评价、自我评价，确保学生对自己做出系统化评估，明确学习过程中存在的问题，同时结合支架式教学模式基本要求进行完善，持续强化自我阅读水平和思维。对于教师评价而言，其是推动学生完善自我认知体系的过程，教师可以立足于客观角度评价学生，确保学生能够清晰认知自己的阅读能力、水平和状态，使学生可以结合自我评价展开全方位提升。学生自我评价本质上是自我反思的过程，能够引导学生全面认知自我，探索存在于阅读学习中的问题，不断深化对知识要点的记忆，强化阅读学习教学效率。在这一过程中，学生也在不断思考中发现自身存在的问题，同时思考应通过何种方式解决问题，这是强化自主学习理念的前提。小组式评价主要围绕学生的学习表现进行评价，其不仅是针对学生个人的评价，而且是帮助学生学习他人优点的引导式过程，以此推动学生知识、思维能力的多元化提升，帮助学生了解和解决阅读问题，推动学生多元化发展。

例如，在学生独立探索学习后，教师需立足于知识掌控、阅读探究等角度做出评价，同时引导学生进行自主探究学习，强化学生主动学习能力，帮助学生塑造积极的学习理念。在评价过程中，教师应及时提出学生探究过程中存在的问题，深化学生的自我认知，使学生按照教师意见完善自我，确保学生可以在课后学习课外阅读知识，实现学生英语知识多元化增长。在教师做出评价前，可以要求学生围绕自我独立学习状况做出评价，并帮助学生回顾学习过程，使学生在不断回顾的过程中归纳优缺点，由此展开自我总结和分析，在过程中培养学生自制能力。

在大学英语阅读教学中融合支架式教学理念，可以强化学生主体课堂地位，强化学生英语阅读学习积极性。在支架式教学理念下，教师应尊重学生的个体差异，深化学生的文本思考和理解，在丰富的情感活动中拓展学生的学习渠道，同时教师应重视课堂情境的创设，塑造积极愉快的课堂氛围，促进学生间的沟通和互动，激发学生的英语阅读课堂学习兴趣，在促进学习积极性的同时，强化学生的英语阅读能力。

二、基于语篇分析理论的大学英语阅读教学

语篇语言学是语言学的一个分支，国外对其研究始于20世纪60年代，国内兴起于20世纪80年代。语篇语言学以跨学科为基础，其目的是研究语言在交际过程中的应用机制。衔接和连贯是语篇语言学的核心内容。衔接是语篇中一个成分和对解释它起重要作用的其他成分之间的语义关系①。通过衔接，可将文章中的句子结合为一个整体，达到连贯的目的，它是语篇连贯统一的重要因素。许多学者认为，衔接是语篇的表层结构，它是通过语法和词汇的运用来体现的。正确理解和运用衔接有利于确立语篇各要素之间的逻辑关系，达到语篇的交际和输出功能。连贯体现在语篇的语义层面，通过语义关联来体现。语篇的连贯通过逻辑关系来构建，语篇分析是以语篇语言学为基础的理论体系。语篇分析理论是对传统阅读理论的发展，它将语言放到更大的语境环境中去研究，对于英语学习者来说更有裨益②。在此，笔者主要从语篇衔接和语篇连贯两个角度探讨语篇分析理论在大学英语阅读教学中的应用。

（一）大学英语阅读教学中语篇分析理论的意义

语篇分析理论在大学英语阅读教学中的应用主要是指以语篇为整体视角，对阅读材料进行全面解析和认知。既要注重语法和词汇等语言功能，即语篇的衔接；也要兼顾语篇的内涵，如题材、主题、文化等背景知识，即语篇的连贯。语篇分析的基本内容包括：语篇的体裁、结构、主题、词汇意义、语法等，其目的在于全面培养和提高学生阅读及运用语言的综合能力，力图使学生能顺利读懂有一定难度的英文材料和文献，让他们不但能掌握篇章主题思想和细节，而且能领会其中的逻辑关系和潜在意义，同时还能对材料进行综合分析，构建自己的思辨体系。

1. 有利于从整体角度对阅读学习材料加以分析，确定语篇结构

教师对教学和课程，应进行宏观和微观准备。宏观角度的准备包括教学大纲、教学原

---

① 韩礼德，哈桑．英语的衔接［M］．张德禄，王钮纯，韩玉萍译．北京：外语教学与研究出版社，2007.

② 李贺玲，施立平，张玉美．语篇分析与英语阅读研究综述［J］．继续教育研究，2021（9）：102—104.

则及教学方法等；微观角度的准备包括对教学材料的审视及对涉及所选课文的题材、练习和相关教学活动的设计等，这样有利于提高师生对语料的敏感性。需要指出的是，对于学习文本的分析和语篇结构的确定，需要对教学材料做更加深入地研究和精心准备。语篇分析理论指导下的大学英语阅读教学，尤其要注重对文本的题材和语境分析。语篇的体裁不同，交际功能亦不同，其语言风格和组句成篇的模式也会因此有异。语篇的组织模式既能体现作者的思维模式，又能体现语篇的宏观认知结构①。由此可见，对于阅读材料体裁的分析有利于深入了解语法和词汇等语言表层信息背后的内涵，对课堂教学起到巩固和深化作用。此外，教师还要强调对阅读材料整体认读的研究，形成完整的阅读教学体系。教师不仅要增加文本背后所隐含的文化背景知识，而且要积极输入相关知识，努力为学生打造浸润式学习语言的环境，培养学生在语境中阅读并真正领会文本信息，获取语言知识和提高技能。教师要给学生传授科学高效的阅读方法，增强学生的语境意识。总之，在大学英语教学中引用语篇分析机制，要求教师把阅读教学看成是一个整体学习过程，积极引导学生真正领会阅读材料的体裁和语境，形成学生和文本的真正互动。

2. 有利于构建以学生为中心的课堂教学模式

语篇分析机制的引入能充分调动学生积极性，提高学生自主学习能力。语篇分析理论指导下的阅读课堂，教师的角色从课堂的主导者转为指导者，教师主要通过启发和引导来调动学生参与课堂活动。课堂上，教师根据设定好的课文难重点提出一系列问题，激活相关知识，引导学生自主找出知识点，启发他们的思辨能力并找到解决问题的办法。教师通过引导，调动学生积极参与话题讨论，激发学生思考并帮助他们把握自己的立场，提高学生思辨能力。教师可根据课文内容找到一篇相关的阅读文章，要求学生在阅读后对文章观点进行梳理、提出论题，并分小组讨论分析，做到各抒己见，以激活学生的批判性思维，为学生开辟广阔的思维空间。在讨论过程中，通过相互竞争和引导，学生的创造性思维和想象力得以发挥，这样可以培养积极活跃的课堂气氛并取得良好的互动效果。

3. 有利于提高学生的文化意识和跨文化交际能力

语言和文化是相辅相成的，二者互相影响。语言是文化的载体，是文化传承和交流的重要媒介。在阅读教学中，不但要学习语法和词汇或对文章主题的分析，而且要了解阅读材料背后所蕴含的文化要素。教师在教学中可以进行文化导入，引导和启发学生对相关文化知识进行更好的理解，提高他们的跨文化交际能力。语言是构成文化的元素，文化则影响语言的使用，文化学习在语言技能的习得过程中更为关键。语言能力必须在跨文化的互动等各类使用情境中得到锻炼②。在大学英语教学中，越来越多的教师重视在教学中融入教学材料的文化背景知识，在教学中也在积极引导学生了解这些文化因素。通过了解英美

---

① 李厥云．英语语篇教学与实践效果分析［J］．科技视界，2013（10）：106.

② 傅蜜蜜．论外语教学中跨文化交际能力的培养［J］．外国语文，2018，34（5）：155—160.

母语文化，学生可以优化语言知识结构，拓展西方文化背景、风俗习惯、思维方式与价值观等知识，对于培养学生跨文化交际能力、培养人文精神、树立国际意识都起到了积极作用。

4. 有利于提高学生的思辨能力

教学中，教师要积极为学生打造轻松的学习氛围，如通过开展合作探究式教学活动，考查学生是否积极思考和形成自己的评判。在教学设计中，教师要从学生的角度出发，注重知识信息本身，努力培养学生的发散性思维和思辨能力。教师可以提前把辩题布置给学生，组织学生分成正反两方进行调研。学生可以在课下借助网络等多媒体平台进行准备，在课堂上就准备内容进行辩论：由陈述观点、自由辩论、总结陈词三部分组成，其余学生分别充当主席、评委、正反方点评人、记分员和计时员等角色，参与课堂活动。辩论结束后，基于学生的点评，教师予以总结性评价，并选出一到两名学生整理出各方主要观点。在辩论过程中，学生学会通过形成论据明白如何推理，提高思辨能力。作为语篇语言学的核心内容，衔接和连贯并不是孤立存在于语篇之中的，这两个要素之间往往相互渗透，通常有所交集并交替作用。

（二）语篇分析理论在大学英语阅读教学中的实践应用

阅读课中的语篇教学需要和其他教学环节相结合。在教学中，教师应遵循的顺序是从总体导入到详细解析，最后总结归纳。首先，教师应从宏观的角度对语篇进行切入和引导，其中包括围绕单元结构和课文标题的总体概况设计问题。其次，教师可以借助语篇衔接理论对文本进行具体教学，包括句法、词法和语法及句子与段落之间，段落与段落之间的逻辑关系等。最后，师生一起探讨语篇的主旨思想及其潜在意义，内容可涉及文体、写作风格、文化背景知识等，这一环节主要体现语篇连贯理论的应用。这样就完成了从总体到细节再到总结吸收的教学过程。

（三）语篇分析理论应用于大学英语阅读教学实践总结

1. 提高认识，渐进融入

基于语篇分析理论的大学英语阅读教学模式下的教学注重的是语言综合运用能力的培养提升，而不是单纯依赖语法和词汇的教学。在教学中，教师大力倡导有效的阅读策略和技巧，关注的是语篇背后的意义及其所承载的文化内涵。

2. 引入语篇分析机制，营造合理化的阅读环境

在大学英语阅读教学中引入语篇分析机制，其终极目的就是培养出真正熟练掌握阅读技巧并运用语言进行交际的人才，这与大学英语课的人才培养目标相一致。因此，阅读课的教学应该致力于提升学生的认知，增加他们的知识储备量，优化知识结构，学生对语篇的学习也应该深刻挖掘其背后的内涵。这就要求教师在教学中要积极为学生营造合理的阅读环境。在语料的选取上应该结合学生实际情况，考虑文本的题材和体裁，兼顾多样性和

实用性，开阔学生的视野，提升阅读体验感。同时还应清楚，实践性强是英语教学的突出特点之一。听、说、读、写，任何一个环节都不是孤立进行的，因此，教学活动要做到这四方面相结合，每一方面的教学都要围绕整个语篇来展开。

3. 教师要注重提高自身素质，树立终身学习理念

在培养学生的阅读意识和良好的阅读习惯时，教师自身也要不断加大阅读量，积极学习。教师要起到积极的示范作用，树立终身教育理念，积极主动地接受新事物，不断了解学科最前沿的知识和信息，并及时向学生传递新知识和新技能。教师的言行对学生有很大的影响，这也就对他们提出了更高的要求。教师要全身心地热爱并把精力积极投入教学实践活动中，不但要熟悉本专业知识，而且要了解相关学科知识，努力扩大知识面，及时了解人才培养要求，在教学改革中要不断探索，勇于创新。同时，通过阅读正能量的教学资料，积极引导学生树立正确的人生观，做到和学生共情，乐于倾听学生的心声，及时获得教学反馈。在课堂上，教师要充分相信学生，帮助学生树立自信心，要给学生提供参与课堂进行语言实践学习的机会，力求营造以学生为中心的学习环境和学习氛围。

4. 注意的问题及对策

首先，语篇分析理论应用于大学英语阅读教学，虽然打破了传统的只注重语法和词汇学习的教学模式，但是这并不意味着要彻底摒弃传统教学模式。语法和词汇学习在英语学习中的作用是毋庸置疑的。阅读者的文本阅读经历越丰富，词汇量越大，遇到陌生词汇的概率越低，词语识别、解码的速度就越趋向于自动化①。因此，不能盲目追求语篇分析而忽略了学生基本知识的学习。其次，要结合学生专业有针对性地设计课堂教学，包括阅读文本的选择和教学环节的安排等。这样可以让学生根据自身的专业需求学习相应的知识和技能，对他们的职业发展也有良好的促进作用。最后，在进行文化导入教学环节时，教师要积极引导学生汲取阅读材料中正能量的知识和信息，在学习语言文化的同时，要培养学生的民族自豪感，树立正确的世界观、人生观、价值观，培养他们报效祖国、服务社会的理想和信念。

语篇分析理论应用于英语阅读教学，体现了大学英语教学人才培养目标的要求。这样不仅有利于打破只注重语言自身层面的阅读教学模式，而且能促进学生对语篇整体结构的认知，提升他们的语言技能，增强他们的语言文化意识。教师既要通过课堂教学培养学生的阅读能力和阅读策略，也要充分利用互联网资源，在课后对学生进行监督和指导。教师要在对文本深刻理解的基础上设计恰当的教学活动，引导学生通过运用获得的语言知识及技能领悟隐藏在文本字里行间的深层含义、分析作者的态度、批判地吸收不同的思想和观点，帮助学生获得新知识、建构新概念、体现阅读教学的育人价值。值得注意的是，教师

---

① 陈天序，李晓萌．语素意识、语音解码及听力理解对成人英语学习者阅读理解的作用［J］．外语教学与研究，2022，54（2）：227.

要在教学中遵循阅读教学的基本原则，在学生没有充分阅读、理解语篇表层信息时，教师不可急于让其探究语篇的深层含义。也就是说，语篇分析理论指导教学的基本原则是要在语篇衔接的基础上理解语篇连贯。

语篇分析理论在大学英语教学中的应用，有利于构建语言、文化与思维相融合的英语阅读教学新生态，对于推动英语阅读教学的研究与实践，提升英语阅读教学质量和效率，促进国家育人目标的实现有着积极意义。这为探究互联网时代如何树立正确的阅读观和选择科学的阅读方法，以及如何实现智慧阅读和高效阅读奠定了坚实的实践基础。

第三章　大学英语写作教学分析

英语写作能力是当代大学生的一项必备技能，同时也是在英语学习阶段容易被忽视且相对较弱的一项技能。基于此，本章对大学英语写作教学的现状及模式创新进行分析，对不同理论在大学英语写作教学中的应用进行了阐述。

第一节　大学英语写作教学现状及问题

一、大学英语写作教学现状分析

目前，大学英语的写作教学大多还是采用传统的教学法，过于强调最后的写作结果，忽视真正的写作过程。英语写作课堂的互动很少，学生之间以及师生之间缺少交流机会。课堂上多数是根据教师讲的范文模板，学生模仿写作练习，教师根据内容、结构、语法、词汇等评分。部分学生过于重视词汇拼写和语法的正确，而忽视篇章的布局，没有整体性构思。作文完成之后，很多学生也就是看一眼分数便置之一边，不去反思而进一步修改，致使他们的写作水平局限在某一层次，无法有效提高。

由此可见，大学英语写作教学模式应该有所突破，而互动教学对于英语写作课堂有着积极的影响，现代信息技术更是为互动教学提供了丰富的教学资源和多样的学习平台。

二、大学英语写作教学问题分析

在听说读写译五项英语技能中，说和写这两类语言输出一直是学习的难点。国内对大学英语写作教学的研究主要涉及书面反馈模式、错误分析、思维导图、翻转课堂、过程教学法以及针对语法、词汇、语篇的分析，这些研究都促进了大学英语写作教学的发展。但大学英语写作教学无论是对学生的学习还是对教师的教学来讲，都是一个薄弱环节。英语写作水平是学生英语综合能力的体现，英语写作技能是大学英语教学要培养的核心技能。如何激活写作教学课堂，提升写作教学效果，已经成为大学英语教师共同面对的一个课题。教师要及时对课堂教学中出现的问题进行思考，将知识与能力相结合，在传授知识的前提下培养学生主动思考、主动学习的能力，把技能视为目标，运用多种教学方法让学生在教学过程中进行积极的学习体验，实现学生的主体化，调动学生的学习热情，培养学生积极的学习态度，进而激活课堂教学，提升教学效果。在此，就大学英语教学中有关讲授内容、师生互动、写作评价以及教学方法运用四个方面进行探讨。

（一）讲授内容方面

第一，部分非英语专业学生缺乏对英语论说文写作的根本认识，对结构框架不了解，写作无从下笔。教师需要对英语论说文写作的一些重要概念做系统、透彻的讲授，让学生了解英语论说文的性质和特征。

第二，学生对中心论点的概念模糊，对道理论证理解不透彻，不理解什么是举例论证。对于模糊的概念，教师要给出明确的定义，抓住关键词，层层推敲，揭示本质特征，帮助学生理解概念的内涵。对于理解不透彻的概念，教师要通过例子具体说明什么是道理论证以及道理论证的正反两种方式，如名言警句、俗语谚语、古诗文名句、自己从生活中悟出的哲理等。教师讲授举例论证时可呈现几个要点：一是典型性，二是不重复，三是概括性，四是不叙述，五是恰当性，然后具体事例具体说明，帮助学生对举例论证融会贯通。

（二）师生互动方面

互动式教学法强调学生和教师作为教学主体，其互动交流在课堂上有着非常重要的作用，尤其是在大学英语写作课堂中。英语写作课的每一个环节都需要教师和学生共同参与，缺少一方的参与，互动式教学法就无法有效实行。

学生是教学活动的主体，教学过程只有通过学生的积极参与、内化、吸收，才能得以实现。教师只有培养学生的主动学习意识、发展学生的能力，才能最大限度地挖掘学生的潜能，引导学生积极主动学习，实现高效化的课堂。教师要注重引导和激活学生的背景知识，帮助学生构建相关的图式，将新知识与已有的知识经验联系起来，加强学生对新知识的理解。构建图式的过程旨在培养学生的思维能力以及主动学习的积极性。

第一，起承转合及衔接和连贯属于语篇层面的知识，教师应帮助学生激活对于论说文语篇思维模式起重要作用的相关背景知识，构建相关图式，使之与新知识建立联系。现代认知心理学将知识分为陈述性知识和程序性知识。陈述性知识主要用来说明事物的性质、特征和状态，回答“是什么”“为什么”和“怎么样”的问题。情景、事实、概念、原理、规律属于陈述性知识，这些陈述性知识通过教师的讲授进入学生的记忆中，是能直接加以回忆和陈述的知识。陈述性知识的教学目标是培养学生回忆知识的能力。教师可用提问的方式让学生回忆并陈述英语论说文写作的几个重要概念。教师要对学生的发言给予积极的信息反馈，对表述不正确的地方及时纠正，使学生对概念的理解清楚明了。基于这些概念，教师可以帮助学生构建英语论说文写作的图式，即关于文章组织结构的知识或语篇知识。教师启发学生思考这些概念之间的关系，根据学生的回答情况层层递进地提问，通过延迟评价诱导学生继续思考，最终使学生构建出“提出观点—用道理和事实从正反两方面支撑观点”这个图式，进而让学生主动发现和理解起承转合这个新知识。在整个图式构建的过程中，学生在教师的引导下主动分析问题和解决问题。

第二，对于衔接和连贯这两个新概念，教师要精心设计，优化提问方式，启发学生思考，使学生充分拓宽旧知识，实现新旧知识的整合。

（三）写作评价方面

过程教学法的理论基础是交际理论。该理论认为，写作的过程实质上是一种群体间的交际活动，而不是写作者的单独行为。这种教学法强调学生的积极参与、学生之间的交流和合作以及师生之间的交流。教师让学生通过讨论和合作学习完成写作训练，实现了教法向学法、结果向过程、知识向技能的转变，使学生不仅能够习得知识，而且能够在多样化的学习活动中促进知识、能力和情感的全面提高，激发学生的学习兴趣，培养学生的自主学习能力和独立思考能力。

师生合作评价，即通过教师评价与学生自评和互评的结合，在减轻教师工作负担的同时，提高学生课堂参与的积极性，发挥其主体作用，从而在评价过程中提高学生的写作能力。师生合作评价在大学英语写作教学中的应用可以培养学生的读者意识及评析他人作品的能力，提高他们对错误的感知度。通过课内师生合作评价，学生在欢乐的讨论氛围中相互借鉴、取长补短，学生课堂参与的积极性更高，认真程度也有较大的提高。教师将小组作文发到班级群，先让小组成员进行自评，教师针对观点、语句连贯等写作问题向小组成员提问，通过问答的形式引导学生深入思考，锻炼他们的语言表述能力。在学生互评环节，教师启发并指导学生发现错误、分析错误产生的原因并纠正错误。学生的语言错误分语内错误和语际错误两种，语内错误的产生是由于二语知识的欠缺，而语际错误是受到母语的负迁移影响。教师总结点评，正向反馈和错误纠正相结合，当堂给出小组成绩排名，小组成绩作为小组成员的平时成绩，促进学生形成认真的态度，在合作中共同提高。

（四）教学方法运用方面

第一，不同的教学内容要运用不同的教学方法。讲授法是教师通过口头语言向学生描绘情景、叙述事实、解释概念、论证原理和阐明规律的教学方法。因此，讲授法对于陈述性知识是最适用的。关于情景、事实、概念、原理、规律这些陈述性知识，教师要用准确精练、逻辑严密的语言进行系统的讲授，使学生对“是什么”“为什么”和“怎么样”有清晰的认识，有利于发挥教师的主导作用。

第二，程序性知识是一种动态的知识，通过各种操作步骤来体现，即通过“怎样做”让学生形成技能。程序性知识的教学目标是培养学生依照程序顺利完成某项活动的行动能力。程序性知识学习的第二个阶段是使规则的陈述性形式向程序性形式转化，即规则开始向活动或行为的技能转化，原理性与规律性的陈述性知识可以转化为程序性知识。因此，大学英语写作教学要培养学生将中心论点、道理论证、举例论证、正面论证、反面论证、起承转合、衔接和连贯这些概念性的陈述性知识转化为实践能力。讲授法对于陈述性知识最适用，而对于程序性知识，教师要运用发现法、讨论法、合作学习法等其他教学方法，让学生在一系列的活动中通过练习和实践提高写作技能。在大学英语写作实践教学中，教师可采用讨论法和合作学习法，通过多样化的教学活动进行思维和成文两个环节的写作训练，旨在促进学生对英语论说文写作重要概念的有效提取与运用，进而形成程序性知识，切实提高写作能力。

第三，教师完成讲授的内容后布置写作任务，学生以 3～4 人为单位进行合作学习，完成小组作文。小组成员每人思考 1～2 个道理论据或事实论据，通过讨论筛选出 3～4 个精彩论据，共同完成文章的主体论证部分。首尾段的写作也可以通过讨论的形式共同完成。教师要求小组成员认真修改语法错误和语句表达，注意逻辑衔接和整体结构。写作任务最好是限时训练，限时作文可以帮助学生学习如何在有限的时间内开拓思路、组织内容，有助于培养学生的写作能力、应试能力和写作技巧。

第二节　大学英语写作教学模式的创新

随着我国教育体制的深化革新，教育更加注重对大学生综合素质的培养，在大学课堂上以培养学生核心能力为主导。并且在开展英语教学时，作为大学英语教师，要不断地通过信息技术的教学形式开展课堂授课，让学生真正掌握更加先进的学习模式，并且提升他们的英语知识和学科素养。但是对于大学英语教师来说，他们需要掌握更加先进的教学技术，帮助学生提高他们的英语能力。

一、“互联网+”背景下大学英语教学模式创新

（一）培养学生的学习兴趣

只有提高学生的学习兴趣，才能有效提升学生的学习成绩。那么，教师要想提高学生的英语学习兴趣，就需要进行教学模式的创新，通过信息技术教学开展课堂实践活动，让学生真正地参与课堂学习。教师在给学生讲解相关新闻概况时，要是想让学生通过英语的方式进行表达，就需要提前给学生列出相应的句式句法，让学生进行参考仿写，并且让学生在多媒体教学课堂上通过观看相关句法视频进行学习，了解这种英语句式的表达方式。例如，教师可以在每个学生进行仿写之后进行批改，并且找出学生存在的问题，这样可以更好地让学生明白自己的错误。在教师进行批改之后，让每个学生根据自己的理解进行口语展示，读出自己所写的句式句法。在学习完成后，教师还要根据每个学生的完成情况进行打分，并且给学生制订与课堂学习相关的练习题，让学生在课下进行学习。

（二）建立英语的学习平台

大学英语教师可以给学生建立英语学习平台，让学生在网络平台上进行英语视频的学

习；也可以给学生上传一些更加适合他们学习的英语视频，或者推送一些相关的英语新闻资料，让学生在课下主动地进行学习和讨论，这样不仅能够激起学生的学习兴趣，而且可以节约大量的课堂教学时间。学生在课下利用平台可以进行自学，能够对课堂知识进行巩固，强化对课堂知识的掌握水平，这样能有效提高学生英语学习能力，引导学生更好地进行学习实践和探究。

（三）利用网络资源构建课堂评价体系

教师可以构建网络资源评价体系，让每个学生对于英语课堂的疑惑和问题进行上传，通过这样的方式让教师更加了解学生在学习过程中存在的困难；也可以在网上或者课堂上为学生答疑解惑，其他学生也可以相互学习，这样的方式是一种教学模式创新，同时也能真正地提高学生对英语的学习兴趣，提高英语课堂的教学和学习效率。

（四）利用网络资源培养学生阅读能力

在大学英语课堂上，要想真正地锻炼学生的英语阅读能力，教师就要开展科学的英语教学活动。要是想了解更多与阅读相关的知识，可以通过多媒体教学方式，提高学生对英语阅读的学习兴趣，锻炼学生的阅读能力。在“互联网＋”时代背景下，大学英语教师可以采用多媒体教学形式，让学生在课堂上根据所制作的 PPT 进行学习，并给学生播放相关的英语句式读音，让学生进行学习和跟读，通过这样的方式纠正学生的英语发音，让学生学习更加专业的英语表达方式。同时，教师要搜集各种各样的英语教学知识，对学生进行教学，而不只是停留在教学生课本上的理论知识。

二、基于网络环境下英语写作模式的创新

（一）构建人机结合模式

大学英语教师在英语教学过程中，要想提高学生的英语写作能力，就需要开展线上线下相结合的教学模式，在课堂上对学生进行相关的教育指导，通过多媒体的教育形式为学生展现相关的英语写作知识，手把手地教学生写作，选择有特点的句式和语法知识，为学生布置记忆和背诵的任务，加强学生对相关句式和知识点的理解，给学生查找一些优秀的作文范例，让学生进行记忆和背诵，学习其中的语法知识，并学会仿照写作。教师在学生进行仿照和写作过程中，要对学生进行差异性的指导，根据每个学生的不同学习能力进行教学，对学生进行鼓励和帮助。

（二）引入开放式的教学

学生要想更好地掌握英语的教学方法，就需要主动地与教师和同学进行交流，及时地对不同问题进行询问。通过网络给学生传送更多与写作相关的知识，并且提供更多的写作例句和优秀范文，让学生进行学习。

（三）构建自主探究学习模式

学生需要不断地进行练习，才能够真正地掌握写作技能，以及需要在教师所提供的知识点上进行记忆和背诵，并且不断地进行仿写。教师在给学生设定一个相关的写作主题之后，要让学生自己根据之前所学习的写作方法进行仿写，并让学生在课下与其他学生进行探究讨论。

三、在“互联网＋”时代背景下创新英语写作教学模式

（一）从教学内容创新英语写作教学模式

大学英语教师要采用创新性的写作教学形式，提升教学的高效性，并且真正关注到学生的学习需求。教师要结合教学内容和基本要求，对教学模式进行创新，要根据每个学生的学习需求，进行教学模式的革新。例如，在大学教学中，学校会组织相关的大学英语竞赛活动，学生可以参加写作竞赛，提升自身的写作能力。大学也可以开展线上交流活动，与其他高校大学生进行沟通与交流，分享英语写作的技巧和方法。线上活动的开展要紧密结合课程内容，运用多样化的教学模式，教给学生英语知识，让学生掌握英语语法，满足写作教学的基本要求。

（二）充分利用当前先进的信息技术

教师在给学生进行英语写作教学时，要充分利用学校所提供的先进技术，积极建立线上课堂，有效拓展学生的课外知识，帮助他们积累更多的写作素材。教师可以让学生下载有关英语写作的应用程序，让他们在应用程序上进行练习，提高他们英语写作练习的便利性，应用程序能够给学生制订个性化的写作练习方案，提升他们的写作技能，积极拓展他们相关的语法知识，将语法知识运用到写作中，丰富他们的写作内容，提升他们的写作质量。通过线上线下相结合的方式，提高学生的英语写作能力。

（三）增强多媒体设备的应用力度

教师需要将课本上的知识和网络上的知识相结合，让学生在课下提前预习，有效地拓宽学生的知识面，丰富他们的英语写作素材。教师可以充分利用多媒体设备开展教学工作，让学生对自己的英语作文进行展示和分享，让其他同学对其进行点评，指出其中存在的问题，对作文进行优化，提升学生的课堂参与度，提升学生英语写作的兴趣。

（四）构建智能化的英语写作教学评价体系

在大学英语写作教学工作过程当中，教师一定要重视教学评价工作的有效展开，构建智能化的英语写作教学评价体系，对教师的写作教学情况进行反馈，优化教学质量，提升学生的英语写作技能，为后续英语写作教学的有效展开奠定坚实的基础，也为其他英语教师的写作教学任务完成提供一定的借鉴和帮助。在“互联网＋”时代背景下，要想促进大

学阶段英语写作教学工作有效展开，需要注重教师和学生之间的沟通和交流，完成对英语写作相关教学任务的有效评价。从英语写作教学任务的最终确定以及相应教学资源的选择入手，对英语教学方法的运用效果进行分析和探讨，给予合理的评价。一方面，英语教师要灵活运用网络平台，将学生的英语作文发送到网络平台上，让其他学生对这些文章进行评论和批改。这样做的目的是优化英语写作的评价效果，给予学生及时的反馈，改正他们写作中出现的问题；另一方面，英语教师需要借助这种方式，对英语写作教学工作开展评价，让学生从中学习到更多的知识内容，不断更新英语写作知识，进一步加强学生英语写作水平。

总的来看，信息技术给大学英语课堂教学带来了更多的优势，通过“互联网＋”的教学模式，增加学生的学习空间。

第三节　基于不同理论的大学英语写作教学

一、基于产出导向法理论的大学英语写作教学

大学英语课程的教学目的是提高学生英语听、说、读、写、译能力，写作能力则是衡量学生英语综合水平和应用能力的重要指标。但在大学英语教学中写作所占课时较少，加上可能出现的如信息反馈、学生英语写作积极性等问题，阻碍了大学英语写作教学改革的深入进行。基于大学英语课程，单独开设写作课程，可促使写作教学改革更加深入地进行。基于产出导向法理论的改革与创新，使英语语言“输入”“产出”融合，不断创新大学英语写作教学方法。但是大学英语写作教学中产出导向法理论应用还存在一些问题，为了使该方法在教学中有效渗透，需要结合写作教学现状提出应用策略。

（一）产出导向法理论概述

1. 产出导向法关键切入点

产出导向法在大学英语教学中应用，促使学生能够在英语学习期间发现自身存在的不足，产生浓厚的学习动力。现阶段，产出导向法理论在写作教学中一般是结合外语教学，改变原本的教学观念、流程、假设。其一，英语写作教学理念方面，通过产出导向法实施写作教学，要以大学英语课程改革为背景，探索大学生的心理语言学实践过程。观察学生英语学习过程，发现综合教学法的输出、输入导向实践成效要优于单向教学法输出、输入导向成效；其二，教学流程方面，教师在英语写作教学中，要创建教学情境，起到正确引导学生的效果；其三，教学假设方面，学生学习英语写作，务必要与学生实际情况相结合，特别是写作课题材料的选择，切实提升产出能力。另外，教师针对学生的英语写作进行评价，可以通过延时评价、即时评价等方法，综合判断学生英语写作成果。

大学英语的写作教学中，教师采用产出导向法。该方法涵盖了诸多理论基础，如输入假说、输出假说等。(1) 输入假说。产出导向法在输入假说的基础上得以应用，它以语言习得理论为前提，并以此假说为核心内容。输入假说认为，可理解性语言学习是二语学习的必要前提，当学习者接触可理解性语言且输入语言水平超过学习者已掌握的语言水平时，学习者在语言互动与交流中便可达到语言可理解性输入、输出的目的，二语习得效应也会随之产生。针对大学阶段的英语写作学习，输入假说理论属于基础性理论，输入对象包括英语写作词汇、句型和语法等信息，其作用是夯实学生英语写作基础，使之在输入与输出中积累和掌握更加丰富的写作知识，更加灵活地应用语言词汇进行英语创作，传递情感。(2) 输出假说。当前大学英语教学，除了要输入词汇这一类英语基础信息，还必须输入其他可理解性输入知识和信息，输出英语写作涵盖的所有可理解信息。现阶段，我国各大高校中采用的英语教学模式非常注重英语翻译可理解性输入，有利于提高大学生英语阅读水平和阅读理解能力。然而在英语的日常口语交际、写作教学中，却并不重视可理解性需要的输入，因此无法使学生更加熟练且准确地传达内心想要表达的信息、情感。

基于此，在产出导向法理论的应用中，教师务必要认识到输入输出理论在大学英语写作教学中的作用。现如今，越来越多的高校开始在英语写作教学中应用输入输出理论，创新英语教学模式。受到产出导向法中"输入促成假设"和"输出驱动假设"的影响，大学英语教学也进入改革的关键时期，英语写作教学模式应立足于心理教学的角度，通过输出目标的激励与驱动，以及可理解性知识的输入促成学生学会相关写作知识，使学用统一起来，使产出导向法应用更加成熟。同时，也使得学生写作、表达能力得到重视，在所有课时中的占比也有所提升，这些都有利于提高学生英语写作水平，满足社会对英语人才的需求。

总而言之，产出导向法理论对于大学英语写作教学而言，要将重点放在写作教学观念、教学流程、教学假设这三个方面，以此为指导思想，使这三个方面的有效性得到体现。教师在英语写作教学流程这一层面，必须体现出指导作用，紧密衔接英语写作教学内容和学生，在教学实践过程中不断完善产出导向法理论的应用方案。

（二）大学英语写作教学中产出导向法理论的作用

1. 促进英语教学改革

大学阶段英语写作教学的重要性得到重视，通过产出导向法理论，转变学生对英语写作的观念，加强写作学习积极性的同时，也可以实现学生综合素质水平的提升。产出导向法理论与大学英语写作教学的结合，可以打破传统教学方法的局限性，创新写作课程模式，符合当前社会发展对英语人才的要求。

2. 符合英语人才培养要求

大学英语属于语言类学科，语言背后的文化、价值观、意识形态等也是教学不可忽略的内容。所以，在产出导向法理论的引导下，学生英语知识的实践应用能力得到提升，在自身掌握传统文化的基础上还可以与西方文化达成融合。大学开设英语课程，核心目标是培养人才，应用产出导向法理论可以增强学生的综合素质，基于经济全球化背景，凭借产出导向法提高大学生英语写作学习水平，提升其听、说、读、写、译技能，成为社会需要的人才。

（三）大学英语写作教学中产出导向法理论的应用

1. 英语写作产出准备导向

英语写作教学应用产出导向法理论，教师备课时要做好充足的准备，在写作教学中采用新方法与新技术，在慕课、微课、翻转课堂等形式的基础上，既可以实现英语写作教学和“互联网＋”的结合，又有利于确定产出准备导向，为英语写作知识点的讲解、英语教学评价与反馈等奠定基础。结合写作教学经验，总结写作产出准备导向涵盖如下内容：（1）确定英语写作驱动内容；（2）制订产出任务；（3）采集输入材料与资料。下面以“Building a harmonious family”主题写作为例展开分析。

2. 确定英语写作驱动内容

大学英语写作教学必须在前期做好准备，教师要提前了解学生的兴趣点、心理需求等，在互联网中搜集一些写作范本，这是产出输入法驱动内容的重点。根据写作主题“Building a harmonious family”，驱动内容的选择以大学生家庭环境与家人之间关系等因素为主进行故事叙述，因为教师提前了解了学生对该写作主题的兴趣点，所以在学生心理需求的基础上，按照学生关注的话题点进行引导，使其可以对该主题有更深的感悟，进而完成英语写作任务。

教师确定写作驱动内容时，可以通过特色话题驱动，引起学生对写作学习的关注，其间还可以提出问题、创建情境，使“Building a harmonious family”的主题更加具体，这就体现出产出导向法理论的优势，即加强英语写作教学的生动性，凭借教师对学生的启发，创建更加积极主动的课堂环境，学生在英语写作课堂上发挥主体作用，优化产出导向法理论的应用效果。

3. 制订产出任务

教师已经确定了英语写作的内容后，便要着手制订教学方案，即确定产出任务。围绕英语写作教学形式、内容进行细化分解，使各个教学流程都通过不同的小任务引导写作教学，降低每个任务的难度。例如“Building a harmonious family”的主题写作，根据和谐家庭的创建，可以将具体内容细化为写作词汇、句型、短语、写作观点等各个小任务，针对“harmonious”进行延伸，立足于基础词汇，不仅可以加强教学任务的有序性，而且有利于增强学生在写作课堂上的自我认同感。

4. 采集输入材料与资料

编制产出任务涵盖了英语写作教学内容的教学方案，尤其体现在写作短语、句型等基础内容上。另外，驱动内容的不同环节还应该进一步细化，采集输入材料与资料。首先，针对“Building a harmonious family”可能会用到的重点词汇、短语和句型，按照难易程度进行划分，这与学生写作的语言表达能力有直接关系，加之学生词汇量、应用能力等存在差异，教师必须按照学生之间的差异性采集英语写作范本，真正做到因材施教。其次，选择写作句型，以大学英语教材与大纲规定为基准进行详细讲解，按照写作主题为学生整理句型。陈述观点时建议采用宾语从句、同位语从句，在写作过程中尽可能地使用更多句型，使英语表现力更强。最后，选择写作范文要保证经典，例如，可以选择经典英语文学作品与权威网站新闻报道，但是要符合英语教学观点，使英语文章、思想价值等能够紧密融合，有利于提高大学生观点陈述水平。

5. 英语写作教学产出过程导向

英语课堂上教师始终是主导者，在结束了产出准备导向这一环节之后，随即开始产出过程导向，即英语写作教学。在此阶段，写作教学是以英语课堂为背景，向学生介绍英语写作的基本方法、技巧，考验教师、学生之间的默契度。下面以“How to treat star endorsement?”主题写作为例，从产出驱动、产出促成两个环节展开讨论。

(1) 产出驱动。产出驱动要求写作教学之前，教师要将备课阶段准备的内容发送给学生，让学生做好课前预习，提前搜集一些适合本次主题写作的资料，整理之后在课堂上汇报。如果教师发现学生写作和范文存在差距，便可以及时帮助其修改作文内容，通过课堂上的查缺补漏提高学生的写作水平。学生在教师帮助下润色语言、词汇等，使课堂上写作讨论更具有针对性，也有利于营造积极的课堂氛围，将课堂各项活动与任务作为英语写作教学考评的依据。

(2) 产出促成。当教师布置“How to treat star endorsement?”的主题写作任务之后，还要同步为学生提供一些输入性资料作为参考，起到写作指导的效果。学生根据教师提供的资料进行有选择的参考，此阶段教师要与学生共同讨论，针对学生选择的资料、写作内容展开评价，提供专业性指导，帮助学生在应用写作练习过程中，逐渐摸索出自己的特色与风格，将自身掌握的英语知识在写作练习中加以应用，根据写作任务难易度，为每一名学生给予针对性写作引导，直至产出促成工作结束。

6. 英语写作教学产出评价导向

大学英语教学属于公共课范畴，教学内容必须体现针对性。不同班级的共同授课，授课时长减少，学生在英语写作课堂上的成效需要立足于各个方面及时反馈，如果反馈不到位或者不及时，可能会降低学生写作积极性，也不利于产出评价导向机制的深入落实与完善。所以，以“The popularity of social media platforms”主题写作为例，探讨英语写作教学产出评价导向的应用。

基于产出导向法理论，英语写作评价的方法比较多样化，教师布置“The popularity of social media platforms”这一主题写作任务后，分别采用即时评价与延时评价结合、形成性评价与终结性评价结合的方式。

（1）即时评价与延时评价结合。学生完成“The popularity of social media platforms”写作后，教师将即时评价、延时评价结合起来。其中即时评价是针对写作教学中学生作文进行及时讲解、评价，按照学生采集的输入性材料与应用情况，发现英语语言、句式、语法等的问题，及时指导学生改正，从而结束引导教学，促使学生写作任务产出质量得到提升。延时评价则是对学生产出“The popularity of social media platforms”作文前、后予以反馈，要求师生之间紧密合作。教师布置了主题写作任务后，学生与教师共同讨论，由教师引导学生执行写作产出任务，学生完成写作后，可以进行自主修改、同学帮助修改、教师修改等多种形式，最后再选取优秀作文进行赏析，通过教学评价促使学生高质量的写作产出。

（2）形成性评价与终结性评价结合。英语写作教学采用形成性评价与终结性评价相结合的方式，按照学生英语知识应用能力展开精准评价。其中形成性评价要求教师将产出驱动与产出促成结合，并且进行检查性评估，大概了解学生主题写作内容，发现并及时纠正作文中的问题。基于课堂上的表现，结合终结性评价，教师帮助学生在参与终结性考试时编制反馈报告，通过此报告可以了解到教师写作教学的指导效果，对学生写作的学习也是非常必要的引导因素。

（四）产出导向法理论应用效果与启示

产出导向法理论是大学阶段英语教学的新教学方法，教师在教学改革背景下面临较大的挑战。对于传统英语教学理念，这种教学理论有明显的优势，而且要创新英语写作教学设计，教师还需要加强在课堂上的投入度。为了获得更加理想的英语写作教学效果，在应用产出导向法理论时，首先要调整写作任务难度，在英语写作教学中设置不同的小目标，针对不同水平的学生展开分层教学，并在布置写作任务之后保证充足的完成时间，除了能够保质保量地完成写作以外，还可以有润色、修改的时间，以免学生因写作时间不足，无法保证写作质量，甚至降低学生在英语写作上的积极性。其次，英语写作流程需要着重体现精细化，将原本制订的写作教学方案加以细分，尤其是对于写作教学的重难点，确保所有学生都能够完全理解。教学设计阶段应遵循多样化、循序渐进的原则，重点分析学生完成写作任务质量，将其作为优化写作教学设计的依据。最后，教师需带领学生筛选写作素材，加强英语语言练习，使英语知识的学习、应用充分结合。认识到评价与反思的重要性，鼓励学生参与英语写作的积极性。除了传统教师评价外，学生之间也可以进行互评，阅读其他同学的英语作文，这样不仅可以帮助其纠正错误，而且可以在阅读过程中积累知识，发现可借鉴之处，实现互帮互助、共同进步，通过小组合作的方式调动其积极性。

综上所述，产出导向法理论在大学英语写作教学中的应用，基础与前提在于教师要掌握学生认知能力。前期产出目标要加强驱动目标的整体性，调动学生完成目标与任务的积极性，将教学目标分解、细化，符合学生英语写作与认知水平。英语写作教学驱动过程中，英语语言、教学内容、课堂教学结构均是产出导向法理论的应用要点，从而鼓励每一名学生都能积极参与课堂，达到英语课程写作的整体教学目标。

经过在英语教学中的产出导向法应用实践，学生在课堂上展开密切合作，不仅在学习态度上更具备自主性，而且拉近了和教师之间的距离。采取师生之间的合作评价，不仅优化了英语写作的产出导向法教学设计方案，而且获得了教师、学生认可，在实际教学效果上也进一步加强了大学生的写作水平。对比产出导向法应用前、后的教学情况，可以非常直观地了解到大学生在英语学习方面的进步，但是也有个别学生认为应用产出导向法之后，英语写作任务量更大，导致形成倦怠感。为此，教师通过英语教学实践，对产出导向法的应用进行了优化与调整，最终教学效果的分析中，虽然发现课堂上依然存在一些问题，但是整体来说产出导向法应用效果良好。

为确保产出导向法在英语写作教学中的效果，在该方法基础上需要不断创新原有教学方法，而且随着英语教学改革的深入，关于教学方法的创新也必然会有更加多元化的体现，为产出导向法的实际应用积累经验。通过产出导向法和英语写作教学全过程的结合，为教师探索新教学模式创造了条件，以产出导向法为前提的大学英语写作教学模式整体来说，理论性、实践性、逻辑性更强，对于英语教育、学生英语水平的提升与综合素质培养等均有直接帮助，还有利于改善英语教学效果，加强教学模式和实际英语教学情况的契合度。

二、基于多元识读法理论的大学英语写作教学

大学英语写作教学工作中，教师面对的难点是比较大的，由于学生之间存在差异，所以在实际课堂教学中，教师要能针对不同的学生群体采用不同的教学方式，调动激发学生英语写作知识学习的主动积极性，为提升学生综合学习能力打下坚实基础。只有从这些基础工作方面得以强化，才能有助于提升英语写作教学的质量水平。

（一）多元识读教学核心理念与英语写作教学融入思路

1. 多元识读教学核心理念

所谓多元识读，主要是有阅读多模态信息的能力，如阅读网络信息和多媒体信息能力，多元识读有语言读写以及社会信息交流和信息技术识读等内容，以学生综合素养培养为目标应用的教学理念。多元识读的核心理念主要体现在“设计”方面，教师结合英语写作教学的需要进行科学化设计，从而针对性地提升学生写作的能力素养，为学生良好学习

打下坚实基础，从整体上提升学生的写作质量。写作教学设计中强调对学生多元读写能力的培养，其中可利用设计是比较重要的，主要是设计资源，如电影以及语言、图片等，通过资源的设计帮助学生转化成自己的知识，从整体上提升学生英语写作的质量，为提升学生综合写作能力起到促进作用。

2. 写作教学中多元识读理念融入思路

英语写作教学过程中将多元识读理念加以科学化运用下，教师要有明确的思路，才能真正为调动学生学习的质量起到促进作用。写作教学中，教师在应用多元识读教学理念的时候分成不同的环节，每个环节都是锻炼学生写作能力素养的重要举措。例如：

（1）实景实战环节。这一环节主要是对学生进行分组，让每个学生结合自身的知识背景来扮演不同的角色，调动学生参与学习情境的主动积极性，激发学生的学习热情，让学生从实践活动中构建意义，为学生写作能力培养起到促进作用。

（2）教师指导环节。这一环节需要发挥教师的作用，鼓励学生通过自身知识经历的运用进行写作，帮助学生形成独立写作的意识，提高写作能力。教师可结合不同的学生为学生设计相应的写作框架，让学生在框架内探讨写作，对提升学生写作的能力有着积极作用。

（3）注重转化实践。教师在对学生写作能力培养过程中，要想发挥多元识读的教学理念优势，就需要以学生实践锻炼为主，积极培养学生的批判思维，帮助学生认识到知识和社会以及文化之间的关系，从批判性的角度展开写作教学，这对学生综合学习能力提升有着积极的促进作用。同时，从转化实践方面也要加强重视，通过设计环节的设计规则在不同语境中加以科学化运用，从而有助于产生新意义，为学生英语写作起到积极作用。

（二）英语写作教学多元识读理念应用措施和启示

1. 英语写作教学多元识读理念应用措施

多元识读教学理念融入英语写作当中，教师要和学生写作能力培养的要求相结合，注重采用针对性的教学举措，将多元识读理念的价值充分发挥出来，才能有助于提升学生的写作能力。在此，提出以下几点需充分重视的应用措施。

（1）情境设计，帮助学生体验。教师在英语写作教学环节应融入多元识读理念，改变传统课程教学的现状，充分把控多元识读教学理念中“设计”这一核心要点，结合学生写作能力，调动学生积极参与情境当中进行写作，才能真正为提升英语写作教学质量打下坚实基础。大学生的英语写作能力培养是学生综合素质培养的一个环节，学生写作能力的培养效果和教师教学设计的质量有着紧密联系，教师在写作教学中要能抓住主题，结合写作主题为学生设计写作情境，帮助学生在写作中丰富认识体验，从这些基础环节得以强化，真正为学生写作能力素养的提升起到积极作用。教师是英语写作课堂的构建者，为能促进学生在写作课堂中产生良好的学习体验，就需要为学生设计相适应的情境，调动学生在情境中展开写作，从而能为提升学生英语写作的质量起到促进作用。教师在情境设计过程中要能把握要点，注重启发学生，从情境当中明确写作思路，学生只有在写作主题的探究下，明确了写作方向，做好了写作准备，才能为后续的正式写作打下基础。

（2）科学指导，设计结构模态。教师要想在英语写作教学中提升学生的写作质量，就需要从教学方法的创新应用方面加强重视，做好科学化的写作指导工作。教师需要结合不同的学生类型，采用相适应的写作指导方案，帮助学生对写作的文章结构和模态有明确的认识，这对提升学生写作质量起到积极作用。正式写作环节，教师在课堂中要将自身的指导作用发挥出来，在了解学生的基础上为学生提出相对应的写作建议，让学生能从文章的写作结构以及模态层面有充分认识，积极推动学生从理解的基础上明确方向。教师在写作中对学生进行提供指导，主要是帮助学生走出写作误区，促进学生在写作方面有更系统化以及更高效的动能，教师为学生提供指导的时候需要调动学生的写作思维，促进学生分析通过意义构建的篇章形式以及功能文字元素，教师可为学生提供相应的写作范本内容，让学生结合典范内容进行模仿写作，这对提升学生写作的能力有着积极的促进作用。

（3）有效实践，提高灵活思维。在英语写作教学过程中，教师要充分注重引导学生采用创新思维学习英语知识，调动学生对英语的写作兴趣。前面已经对学生的写作进行了相应锻炼，接下来就要对学生的实践能力进行培养，帮助学生形成批判性思维，让学生能够运用批判性的思维学习英语知识，将自身的观点融入写作当中，灵活思维的启动是提高学生写作能力的重要动力。所以，教师为能进一步提升学生的写作质量，不能只是事物以及观点记录者，要能帮助学生运用批判性思维从写作中体现自身独特认知，这就要求学生对英语语篇进行深入的阅读，从中进行思考，和文章作者的观点以及思想进行碰撞，教师通过对学生进行积极引导，帮助学生拓宽思考的深度以及提高能力，这对提升学生写作能力也能起到促进作用。学生在对作者构建篇章的意义有了了解，选择词法以及句法意义有了深入了解之后，就能从不同的角度对文章进行改写，这样就能对学生批判性思维的培养起到促进作用。不仅如此，教师也要注重引导学生进行创意写作，培养学生综合应用能力以及创新思维能力，让学生能在写作方面形成自己独特的风格，从而在文体的呈现上独具特色。

2. 应用的启示

教师在英语写作教学中对多元识读教学方法的应用对英语教学也有诸多启示，如通过多元识读教学法的运用，其社会文化理论能够帮助学生从不同的角度提高自身的思辨学习能力，促进学生综合学习素养的提升。新媒体时代背景下，各种类型的媒体出现对英语教学也有着促进作用，在多元识读教学方法的应用下，能够和新媒体有机结合起来，启发学生英语知识学习的主动积极性，拓宽教师的教学手段，让学生能从教学的手段方面更加多元化发展，有助于提升学生多元识读的能力素养。在英语写作教学中科学运用多元识读教学方法，强调积极干预，教师在实际写作教学中要将支架作用充分发挥出来，强化学生素质能力培养的力度。

总而言之，大学英语写作教学工作的开展过程中，学生的写作能力提升需要教师积极干预，通过将多元识读教学理念加以科学化应用，能为提升学生的写作能力提供动力支撑，帮助学生提高写作认知，促进学生写作能力的提升。

第四章　大学英语课程分析

大学英语课程是我国高校除英语专业外的所有大学生必须学习的一门公共基础必修课，其覆盖面广、课时量大、占学分多。因此，本章对大学英语课程的概念、特点进行了概述，对大学英语课程的模式和体系进行了分析，并且基于虚拟现实技术对大学英语课程进行了设计。

第一节　大学英语课程概述

一、大学英语课程

作为大学外语主要内容的大学英语，它是我国高等学校非英语专业学生的一门公共必修课，同时也是一门语言基础课程和拓宽知识、了解世界文化的素质教育课程。

大学英语的教学对象是全国普通高校非英语专业一、二年级的本科学生，指向十分明确，不包括高职院校的英语课程和研究生阶段的英语学习；大学英语教学一般由各高校外国语学院或公共课部的大学英语教师全权负责；其目的是培养学生的英语综合应用能力（听、说、读、写技能），使他们在今后的学习、工作和社交中能用英语进行基本的交流和互动，同时增强其自主学习能力，提高文化素养，以适应全球化、国际化大趋势以及我国社会发展的需求；大学英语课程教学主要以课堂互动、课外自主学习和其他语言应用活动等形式进行。

随着现代教育技术的发展和教育信息化水平的提高，教育部提倡各高校引入基于计算机多媒体网络技术的教学模式；至于大学英语的学习效果评价，各高校采用形成性评估与终结性评估相结合的方式，国内高校普遍认可大学英语四、六级考试，少数学校还将其中的四级考试成绩作为学生毕业的必备条件。

二、大学英语课程特点

大学英语属语言类课程，因而具有信息保存、沟通交流的工具属性。然而语言作为思想交流的媒介和联通世界信息的直接桥梁，必然会对政治、经济乃至文化本身产生影响，这种不断发展的文化现象使大学英语也具备了人文属性。

（一）工具性

交流沟通是语言工具性的直接表现，而大学英语的工具性内涵更为丰富。首先，大学英语给学生提供了交际工具，使其拥有获取、储存、转换、表达信息的重要手段。学生在与人沟通交流、表达情感时，最快捷、最精准的是语言工具。虽然在某些特殊的时候，图形、文字、肢体动作等也可以表达一定的思想或意义，但它们只是人们运用语言进行交际的辅助手段，其功能和使用频率相对局限，只有语言才是中外合作不可或缺的、能充分交换思想的交际工具。其次，语言学习过程也是思维训练过程，大学英语学习不仅为学生提供了一种新的思维方式，而且给学生提供了一种认知世界的新视角，它是学生进行理性思维的认知工具。再次，对于大学生而言，英语语言能力的掌握为他们提供了获取本专业知识的新途径，他们可以使用英语和来自世界各地的同行进行学术交流，展开学术研究，开拓他们的职业生涯。最后，在世界全球化、人类文化大融合的当代，英语还可以用来学习西方文化，弘扬中华文化。因此，英语也是文化交流的工具。

（二）人文性

语言的人文性与工具性作用是密不可分的。人们在学习世界文化、了解他国风情、欣赏异国艺术、提高自身素养、培养国际视野的过程中，自然而然地要使用语言这个工具。大学英语课程应当帮助学生用批判的眼光看待西方文化及其核心价值，熟悉中外文化差异，培养跨文化交际能力，要求学生能用英语介绍中华文化、传播东方文明。受过大学英语教育的学生应该肩负起向世界展示中国，向世界宣颂中国文明和进步的重要职责，为提升我国文化软实力奉献一点儿力量。[①] 有关学者认为，无论是从教育的角度还是文化交际的角度来说，大学英语都应该凸显其人文性，从培养外语交际能力角度来讲，需要有文化因素的导入；从教育是教书育人这个角度来讲，大学英语应该考虑到学生文化素质的培养、人文精神的培育，这与教学目标中提高综合文化素养是相呼应的。

（三）基础性和公共性

大学英语的工具性和人文性性质决定了其基础性。语言是思维的工具，思维是创新的基础，所有学习和研究都离不开语言。英语语言在高等教育中的基础性作用是有目共睹的，应该受到学习者、研究者和管理者的重视。大学英语的授课对象仅限于非英语专业的学生，是一门公共课，相对于学生的专业学习而言，其公共性也是显而易见的。我们应该充分认识到大学英语的基础性，不能因其公共性而忽视了其对于大学教育的基础性作用。

三、大学英语课程育人

大学英语课程育人是指在高校教育情境中，从学生成长需求和国家战略需求出发，以

---

① 唐书哲，朱哲，李玉影．兼顾大学英语教学工具性和人文性的现状分析——以中国矿业大学为例［J］．煤炭高等教育，2013（4）：119－121.

大学英语课程为媒介开展育人的教育实践活动，追求的是遵循语言习得规律与教学规律基础上的价值张力，是语言习得逻辑和育人逻辑的内在统一。大学英语课程育人要“从反映时代变化、展现世界眼光、拥有中国情怀、立足实践导向、满足青年学生成长发展需求和期待”的角度出发①，把握其本质内涵，处理好教与学、显性与隐性、工具性与人文性三对关系，做到教学相长，在潜移默化中实现育人，以及以人为本、重视工具性之中蕴藏的价值性，将大学英语课程育人“融入学校课程教学体系，使之在高等学校落实立德树人根本任务中发挥重要作用”②。

（一）大学英语课程育人的基本形态

大学英语课程育人形态是大学英语课程培育人、塑造人的存在方式和表现样态。由于课程教学的形态具有多样性和开放性的特征，大学英语课程育人的形态也是多种多样的。根据课程教学方法的外部形态和这种形态下学生认识活动的特点，可以将大学英语课程育人概括为三种基本形态。

1. 在语篇语言教学中育人

以口头语言或书面语言传递信息，使学生快速、准确而大量地获得间接经验，是大学英语课程教学最主要的教学形态。以语篇为基础的语言观注重的是口头和书面的完整语篇以及这些语篇所在的社会和文化背景。表述不同类型的语言行为和社会习俗，彰显了大学英语课程教学育人的特征。大学英语课程教学中较多采用的交际语言教学和任务型语言教学，以及任务驱动法、转换生成语法等教学方法，还有对课程行动研究的关注，都体现了大学英语教学不仅是对语言知识技能的传授，而且是对育人的关注。随着信息技术的发展，大学英语课程教学形态也在发生深刻的变革。例如，翻转课堂将互联网的开放、共享、自主等特征与教育教学的本质规律相结合，重新定义了课程教与学的概念，改变了教师教学的组织流程和学生的学习方式，更加关注教学过程中学生心智发展、情感陶冶、思维创造和个性发展等因素的影响。随着我国教育数字化战略行动的实施，国家智慧教育平台正式上线，必然带来大学英语课程教学形态的革命性变革，可以预见，大学英语教学打破线上与线下的界限，形成线上线下一体化的教学形态将是必然趋势。

2. 在语言环境的直接感知中育人

教师在教学过程中通过情景模拟、影像呈现、“英语角”角色扮演或带学生进行教学实践性参观体验等，让学生利用各种感官直接感知语言场景或语言现象而获得语言知识技能，也是大学英语课程常用的教学形态。在语言环境的直接感知中育人，也可以看作间接德育形态在大学英语课程教学中的转化应用，需要把握好大学英语环境直接感知中育人的

---

① 冯刚，彭庆红，佘双好．新时代高校思想政治教育学原理［M］．北京：人民出版社，2021.

② 教育部高等学校大学外语教学指导委员会．大学英语教学指南（2020 版）［M］．北京：高等教育出版社，2020.

直接德育和间接德育的界限，把握好隐性课程德育形态的特征。例如，在一定的语言交流环境中涉及文化和生活习俗，英语学习者只是用英语表达文化和生活习俗，其德育影响是间接的。但如果教师在学生交流中指导学生用英语对不同文化和生活习俗进行对比分析，并阐明对不同文化价值观的理解认同，则德育形态由间接转变为直接，可能对德育效果产生影响。

3. 在语言文化的比较研究中育人

由教师组织引导学生通过独立的探索和研究活动掌握英语知识、提高英语使用能力、开发跨文化英语交际潜力、形成语言文化研究意识和培养探究精神，是大学英语课堂教学的重要形态。这种教学形态重视创设问题情境，培养学生的问题意识和分析问题、解决问题的高阶能力。英语的学习教育是双向的，交流就意味着比较、吸收和传播。跨文化交流不仅是英语一种语言形式的存在和交流，而且包含了中国母语文化的传播交流。英语的工具性体现在英语是一种传播中国文化、传递当代中国精神价值的语言载体。大学英语课程的重要任务之一就是进行跨文化教育，对不同文化进行比较理解，在文化比较、文化批判中增强对中华优秀传统文化和社会主义先进文化的认同，培养学生扎实的基础英语水平和深厚的中国文化素养，用英语讲好“中国话”，是大学英语课程的价值旨归。因此，在通过词汇语法和篇章语用等知识的学习，增强学生使用英语进行学术交流、从事专业工作能力的同时，培养学生以世界眼光看待国际形势，提高跨文化交际和传播中国文化的能力。

（二）大学英语课程育人的实践路径

大学英语课程育人的本质是大学英语课程育人形态的生成、发展与演变的根本依据，大学英语课程育人的形态则反映大学英语课程教学的表面特征和外部联系。要推动大学英语课程育人实践展开，就要科学把握本质与形态的辩证关系。

1. 围绕大学英语课程的本质属性挖掘育人功能

培养什么人、怎样培养人、为谁培养人，是一个历史与现实相统一的教育哲学问题。要坚持立德与树人的统一、价值性与工具性的统一，从战略全局上把握大学英语课程育人与立德树人的内在关系，以课程为基础夯实立德树人根基，围绕大学英语课程育人的目标任务、价值，使大学英语课程育人与立德树人在教育目标的节点上实现内在统一。在大学英语课程性质的认知上，要充分认识到语言是文化的载体，同时也是文化的组成部分，语言教学不能摒弃中华优秀传统文化和时代价值传递而单纯培养语言技能。要重视挖掘转化大学英语课程工具性中蕴含的价值性，紧跟时代发展步伐，以英语反映时代主题、传递时代价值、讲好时代故事，培养学生对中国文化的理解和阐释能力，以及对外传播的能力。

2. 遵循语言习得规律创新课程教学形式

教学形式是教学实施过程中所运用的具体方式。语言的创造性是否靠模仿获得是语言生成学关注的重点问题，语境在语言的创造中发挥着关键性作用，语言的使用体验总是伴随着语境、在理解他人所表达的内容之后接续表达自己思想内容的过程中习得，语言交流中他人表达的内容与习得者思想的形成具有非常紧密的关联。因此，在大学英语课程教学中，要充分重视语言理解水平高于语言产出水平的不对称性，把握好语言理解与产生的即时协同，将中国文化、中国价值、中国元素适时嵌入英语交流内容，遵循语言创造性模仿规律，培养学生的语言理解、创造能力。要重视母语对二语习得的正迁移，将学生的二语学习和使用当作一项社会实践活动，引导学生从自己生活化的语言资源库中灵活选择并使用表意资源，提高在相关学术或职业领域进行国际交流和跨文化交际的能力。要致力于教育教学目标的达成，推动项目实践、成果汇报、主题研讨、测评答疑、情景模拟等各种教学形式的时代转化与创新，以学生真心喜欢的方式呈现、突出“产出导向”，彰显大学英语课程教学的个性化、智能化、开放性。随着网络信息技术的发展，多媒体网络技术环境下的大学英语自主学习成为大学英语课程教学的重要补充，因此，要加强多媒体网络环境下大学英语自主学习监控的研究，使网络自主学习方式成为大学英语课程育人的最大增量。

第二节　大学英语课程模式分析

一、产出导向法指导下的大学英语课程模式

“产出导向法”这一教学理念立足我国自身学情，经过近几年不断地探索和实践，已经日趋完善。在始于产出、终于产出的主旨下，该理念向“学生中心说”发起挑战，并强调“一切教学活动都是为了学习发生”，提倡学用一体。近年来，围绕此理念进行的大学英语教改实践此起彼伏，不乏与此相关的研究，以期提高教师的教学效率和学生的学习质量。

（一）产出导向法指导下的课程模式构建的意义

大学英语教学应以英语的实际使用为导向，以培养学生的英语应用能力为重点。在输出驱动、输入促成假设理论的基础上，产出导向法体现了全人教育学说、学用一体说及学习中心说等教学理论，其教学流程涵盖驱动、促成、评价等。产出导向法指导下的教学中，学生在学习活动中的努力得以肯定，思辨能力得以提升，无疑学习热情得以提高。

1. 产出导向法有助于提高教学效率

产出导向法在驱动—促成—评价的教学流程中，提倡在课堂开始之前完成驱动环节。比如可以通过布置预习任务，使学生预先了解授课主题，并可以根据自身兴趣、学习能力等情况进行课前的自行扩展。教师在课堂上的促成部分中可以通过检查预习任务的环节实现教学任务的分解，使得学生在无形之中达成教学目标。首先，对于一节课 40～45 分钟

的教学而言，教师大大提高了教学效率，优化了课堂教学时间的分配。众所周知，良好的预习对于教学任务的推进有着重要作用。而在教师指导下，有效的驱动能最大限度地保障预习的完整性，以实现课堂效率最大化。其次，由于学生在课前已完成预习任务，在教师的积极促成下，课堂的参与感油然而生，学习积极性就不言而喻了。另外，在促成的过程中，学生会在产出任务的指引下有选择地、不间断地学习，这种将学习最终的成果体现到产出任务中则是学习模式使得学生学习热情空前高涨。

2. 教师角色的转变

在产出导向法指导下，教师更大程度上体现的是引导和中介的作用，实现英语的应用型价值。另外，教师需要通过适度的驱动帮助学生形成独立思考和解决问题的能力，引导其完成自主学习，培养其自我评价能力。所以，教师的角色不再是单纯的教授学习知识，而是要在这个过程发挥更全面的育人作用。

3. 创新性和实践性的变革

在产出导向法指导下，大学英语教师可以依据教学目标，结合当前信息化的特点，从实际或现实需求出发，自主筛选需要的驱动材料，或音频或视频，使得教学内容更有时效性。

（二）产出导向法指导下的课堂模式的有效实践

具体到课堂教学的应用中，需要按照产出导向法的教学流程，即驱动、促成和评价三个环节来进行。课堂教学应以实现学用一体为宗旨，以输出为导向，教师选择适当的输入材料，通过积极有效的课堂组织形式实现学生输出任务的达成，进而实现学用结合。

1. 驱动

教师需要围绕单元或者课堂主题，预先分配产出任务，形式可以多样化。此举意在激发学生的学习热情，了解自身的不足，提高学习的自主性。

在产出任务的指导下，教师可以以教科书内容为依托，把单元的整体教学任务分解为任务列表。所涵盖的内容大到单元的主题、背景，小到课文的词、句。同时基于方便拓展和讨论，教师可以结合多媒体的时代特点，把单元相关的教辅材料通过线上或者线下以学生能接受的方式于课前预先下达，以扩充学生相关的专业知识储备，开阔思路，提升学习自信，引导其预先自行挑战学习任务，并可以帮助其尽快完成语言知识到语言能力的迁移。

2. 促成

促成的过程是整个课堂所呈现的重要内容之一。教师首先需要对之前所布置的驱动内容有选择性地予以检查，了解学生的反馈情况；其次需要有针对性地进行补充输入。在此过程中，教师应对之前细化的任务列表进行梳理，使学生在众多输入材料中找到关注点，最大化实现输入材料的辅助性功能，引导其内容有产出，形式也有进步，精准且多样。同时，教师在促进过程中还需关注培养学生发现问题并能自主解决的能力。

需要注意的是，课堂活动的多样性。小组讨论、师生互动都是必不可少的环节，并且学生的讨论结果都需要教师及时地检查和引导。

3. 评价

一部分的评价过程是教师在课堂上与“驱动”和“促成”环节相辅相成下完成的。每一个子任务实现之后，都可以进行评价的过程，无疑，教师的点评占一定比例，并在学生心中有着不可替代的作用。教师对产出任务的评价需要有依有据，有标准可查，需要有说服力，同时点评中需含有能被学生认可并接受的改善性建议。

除教师点评之外，在各小组任务完成之后，还可以通过学生参与小组互评，通过小组的讨论结果，学习其他小组的优点，并能及时审视自己在小组讨论过程中扮演的角色和发挥的作用，从而激发学生的上进心。

（三）产出导向法指导下的课堂模式的问题与挑战

在实践过程中保证驱动的有效性是一个很大的问题。教师布置的预习任务的完成度可能还要参考学生自身的学习基础、兴趣以及学习压力等众多不可控因素。反思下来发现，如何能够因人而异地设计驱动任务，对教师有着很高的要求。不同的教学班级，不同的学生情况，都需要有不同的教学材料和不同量的教学任务。

1. 产出导向法对教师提出了更高的要求

驱动材料除了需要贴合单元主题之外，还要尽量从实际出发，与事实相符，这样才能调动学生的积极性。输入材料内容的丰富程度以及难易程度在很大程度上决定了学生对于单元主题的把握。这一切都需要教师在对所授班级的学情有基本的了解掌握，并在备课过程中反思斟酌和筛选。

除此之外，教师还需要强化专业知识，更新自身的知识储备，并且与时俱进。网络信息化时代下，教师需要提升自身与计算机网络相关的应用能力，不能再单纯地依赖手中已有的或纸质或电子的教辅材料。

2. 产出导向法需要学生转变理念

产出导向法通过紧密联系输入和输出，调动了学生的学习积极性，培养了学生的应用能力，提升了学习效率。在产出导向法指导下的大学英语课堂教学更具有理论性、创新性和实践性。期待更多的大学英语教师能加入实践这一教学理论的队伍中，共同探索，培养出新型社会所需人才。

二、基于“续论”的大学英语课程教学模式

大学英语的教学目标为培养学生的英语综合应用能力，使他们在今后工作和社会交往中能用英语有效地进行口头和书面的信息交流，同时增强其自主学习能力，提高综合文化

素养，以适应我国社会发展和国际交流的需要。很明显，提升学生的英语“应用能力”和“交际能力”是当前大学英语教学的重要目标。因此，在课程教学模式的构建中，必须把“应用能力”“交际能力”与“语言知识”的讲授紧密结合，从“续论”的角度构建大学英语课程的教学模式，从教师的输入以及学生产出输出之间的互动协调来加强学生语言运用能力的培养，从而达到促学效果。

（一）“续论”概述

“续”是习得语言的方式，是一种基于使用的语言习得观。这种语言习得观是指遵循相同理念的多个语言学理论。“续论”是以读后续写等一系列以“续”的方式习得语言的促学理论，是我国有关学者在“学伴用随”的原则和互动协同的理论基础上提出的语言习得观，包含两个基本理念：（1）语言是通过“续”学会的；（2）语言学习高效率是通过“续”实现的。“续”的前提是对输入内容的充分理解，“续”的过程受交际意图的驱使，使语言运用的动力增强，能充分调动学习者的积极性，对语言学习起到促学作用。而在语言习得的过程中，“续”也是一种模仿，模仿一定的语言情境，在模仿的基础上，“续”也会激发学习者的创造力。“续”的促学作用主要基于互动协同效应，“续论”是互动理论的深化和发展，互动促学的机理是协同效应，协同效应具体是指学习者产出的语言与所理解的语言趋于一致，是语言输出向语言输入看齐，是由低向高拉平，缩小差距。互动中一定会有“续”的存在，无“续”则无互动，互动靠“续”维持。协同体现在互动中，互动强则协同强，互动弱则协同弱。“续论”使得学习者在习得语言的过程中，逐渐缩小语言输入量与输出量的差距，达到促学效果。

（二）“续论”与大学英语课程的结合

自“续论”提出来之后，就有很多在一线工作的英语教师将“续论”的方法应用到英语教学实践中，通过实证分析该方法对英语学习的促学作用。一些学者分别从二语词汇习得、写作、翻译、听说及英语复杂句习得的具体课程教学实践中证实了“续论”在促进二语学习中的效果。当前，在我国大学英语教学中，“续论”也正在从各个不同的维度和视角指导英语教学实践，旨在拉平学生在语言输入和语言输出之间的差距，并且有针对性地加强学生在语言知识方面的某一项技能，最终达到提升综合应用能力的目的。从已有的研究来看，与“续论”相结合的英语教学实践取得了较为理想的效果。从本质上来说，“续论”不仅是一种教学理念，而且是一种教学方法。它将语言理论和教学实践紧密结合，将语言理解、思维创造、交际互动和语言产出紧密结合，将语言知识和应用能力紧密结合，将传统教学法和交际教学法紧密结合。因此，我们将在“续论”的指导下构建大学英语课程的教学模式。

（三）基于“续论”的大学英语课程教学模式的构建

1. 整体模式

大学英语课程教学中包含听、说、读、写、译五项基本技能，有的院校统称为大学英语综合课程，有的院校分为听说和读写两门课程。基于“续论”的大学英语课程教学模式主要由思维创造启发、语言知识输入、续作过程输出、评价交流反馈四个部分组成，有针对性地激发学生的思维创造能力、语言知识的运用能力、书面输出和口头输出能力。一方面，强化输入效果，努力缩小输入和输出之间的差距，实现真正的促学效果；另一方面，有助于提升学生的学习积极性，形成自主学习能力。在整个模式中，“续论”既是理论依据，也是实践教学方法。在实际课堂教学中，学生是主体，教师根据每节课的主题在课前、课中、课后起到引导作用，并适时反馈学生学习中的重难点、疑点，评估学生的学习效果，实现以“续”促学，以“评”促学。

2. “续说”在大学英语视听说课程中的教学模式设计

基于“续论”的产出方式，我们在课程设计中把视听续说、听后续说和对比续说三种方式相结合。这样，既有课前的任务准备，也有课中的展示评价，还包括课后的巩固练习。

首先，“视听续说”就是调动学生的视觉和听觉，将眼睛和耳朵结合在一起，充分发挥这两种感官的作用，视觉与听觉可以相互影响、相互作用、互为补充。故“视听续说”可以通过“视频＋续说”的形式实现。“视听续说”使得学英语不受课堂限制，时间地点灵活，可以逐渐缩小语言输入和输出之间的差距，实现了拉平效应，达到了促学的目的。

其次，“听后续说”就是“听＋续说”的模式，最典型的方式就是面对面互动对话。由于“续”的过程伴随着丰富的语境，互动能将语境信息融入使用中的词语，且对话中有语言使用的样板供模仿，有互动引发的拉平效应，易于学到地道的语言表达方式。一个有效的方法就是充分合理地利用外教，大一的学生每周有两节口语课，课堂上学生和外教之间有着比较频繁的互动交流，外教课堂的讲述对学生来说就是听的过程，听后根据话题表达自己的观点就是续说的体现。

最后，“对比续说”就是要在完全理解原作的基础上，尽可能多地使用原作中已经学会并熟练掌握的词语及表达方式，也就是用原作中的语言结构表达自己的思想。这样的续说有助于学生掌握词语及表达方式，并且实现了输入与输出的结合，达到了促学的目的。

学生通过以上方式进行续说练习，既从原材料中学习了语言知识，也在实际语境中提高了自己的知识应用能力。在学生的练习中离不开教师的评价反馈，适时地把学习结果反馈给学生，有利于学生及时发现自己的问题。

3. “续写”在大学英语读写课程中的教学模式

“读后续写”是基于原作的理解去创造新内容，以反复回读的方式与原作互动产生协同，将续作与原作整合起来，由此产生拉平效应，既可以弥补外语语境缺少与本族语者交流机会的不足，又可以发挥写作促进外语精确表达的功效。但是不是教材中所有的课文都可以来做读后续写，为了充分发挥精读课文的促学作用，可以考虑挑选题材和体裁与精读课文相近、语言偏易的阅读材料，抹去结尾，让学生读后续写，续写时尽量使用精读课文中出现的好词好句，在消化精读课文的基础上进一步提高语言运用能力。在“续论”的指导下，读写课程可以从以下几个方面有效地促进教师的教学和学生的学习。

首先，读前导入，引发互动。教师可以根据课文题目、内容或者主题让学生通过网络搜集整理相关信息，如作者简介、文章所涉及的背景信息、文化因素等，充分调动学生的学习积极性。课内教师通过有针对性或引导性的提问，或者以学生互相讨论的方式激活学生原有的知识，激发学生的交际意愿，为理解课文及后面的续写做好准备。

其次，读中互动，加强理解。在具体的讲解中分析语法和词法难点，扫除语言障碍。同时关注原文的语言使用和篇章结构特点，分析作者的视角和写作风格，通过凸显原文在立意、措辞、篇章、语境等方面的特点，加强学生续写过程中各个层面的模仿意识，使续作尽可能贴近原文，加强输入和输出的互动效果。其主要目的是从微观层面引导学生将自主创作内容变为文字，使输入和输出紧密相连。

再次，读后续写，实现产出。根据所学课文的类型将续写任务进行分类，对于描写、叙事型的文章，以故事发展的脉络为主线进行续写，续写过程中尽可能模仿原文语言特点，实现故事情节的承接和延续性；课文要以论点的确立和思维逻辑为主线进行续写，模仿原文的观点、措辞和逻辑形式实现论据的延伸。在续写中，既要确保续写内容的自主创造性，又要强调续写语言的高度模仿。鼓励学生尽可能使用刚刚学过的词汇和结构，续写可以在课堂限定的时间完成，这也是在输出的驱动下，激发学生的主观能动性；也可以在课后完成，学生有更多的时间消化吸收所学内容，然后再转化到续作中，不管是课内还是课后都可以实现输入—输出互动，缩小二者之间的差距。

最后，评价分享，反馈交流。由于大学英语课程属于公共必修课，班级人数较多，教师逐份批改工作量比较大，也很难及时把结果反馈给学生，所以可以采用课堂学生互评，教师随堂单独指导。比如从文章的结构、主旨、语言等参数对学生的续作进行评价修改，在此过程中，师生之间、学生之间实现互动协同，交流反馈，逐渐缩小续作与原作的差距，提升语言运用能力，使输入与输出形成正比，真正起到促学作用。但课堂时间有限，一次课可能只能顾及五六个学生，这样效率比较低下，对此，可以借助一些网络平台先批阅，针对学生的句法、词汇进行批阅指正，学生可以依据电脑的点评无限次地进行修改，然后教师人工批阅，由于电脑批阅已经筛选出了基本句法错误，学生根据指导意见进行修改，及时了解自己的进步和不足。

以“续论”为指导的大学英语课程教学模式更关注语言输入和输出的结合、理解和产出的结合、学习和应用的结合，从续说、续写角度开展大学英语教学，可以有效地缩小教学中“输入—输出”的差距，使二者紧密结合，实现最大限度地输出。同时，还可以将学生的思维创造能力、语言模仿能力、书面输出及口头输出融合在一起，形成一个完整的体系。

第三节　大学英语课程体系构建

一、大学英语课程多元化评价体系构建

从生态学视角，对大学英语课程多元化评价体系构建进行分析研究，旨在使大学英语教学评价实现从传统的、静态的、单一的终结性测评，到采用生态型诊断性评价、生态型形成性评价、生态型终结性评价、生态型第三方评价相融合的多元化动态评估体系的转向，使大学英语课程教学、学习和评估保持建设性对齐，促使大学英语课程教与学更具有成效性，从而培养出一批能提升中国话语权、讲好中国故事、推动中外文明互鉴的高端人才。

教育的生态评价是以教育的个体、群体和教育生态系统为对象，依据教育目标，利用一切可行的评价技术和手段，系统地收集多方面的信息，并对其教育的效果给予价值上的判断，为决策或优化教育提供依据的过程[①]。

现代信息技术与教育的深度融合，促使大学英语教学外部生态环境发生了巨大变化。新的大学英语教育生态环境下，课堂设计是否合理，学生英语学习效果是否良好，大学英语教学能否满足国家对国际化“专业＋英语＋人文素养”的高端人才培养目标。这些都需要通过教学评价做检测，更需要教学评价做导向，指导英语教学实践。未来的大学英语教育不仅要看学生个体分数和个体发展程度，而且要仔细观察学生的英语发展潜力，帮助学生构建自我英语学习体系，还要促进学生英语实际应用能力、跨文化交际能力、文化素养及思辨能力的培养。因此，如何构建生态化、多元化的大学英语课程教学评价体系是大学英语教育改革向纵深发展的时代课题。

（一）大学英语课程教学评价体系构建意义

预期的学习结果、教学活动和评价任务之间应该保持建设性对齐。也就是说，一个有效的教育系统是一个将教学和评价的所有方面都结合起来以支持高水平学习的系统图，如图 4-1 所示。不难看出，教一学一评三者之间既不是单向的，也不是封闭的循环。生态、开放的评价体系能指导英语教学活动和学生个体英语学习目标的构建，当英语教学活动与评价体系存在一致性时，还可以帮助学生个体达到预期的英语学习成果，使英语教与学更

---

① 吴鼎福，诸文蔚．教育生态学［M］．江苏：江苏教育出版社，1993.

具有成效性。

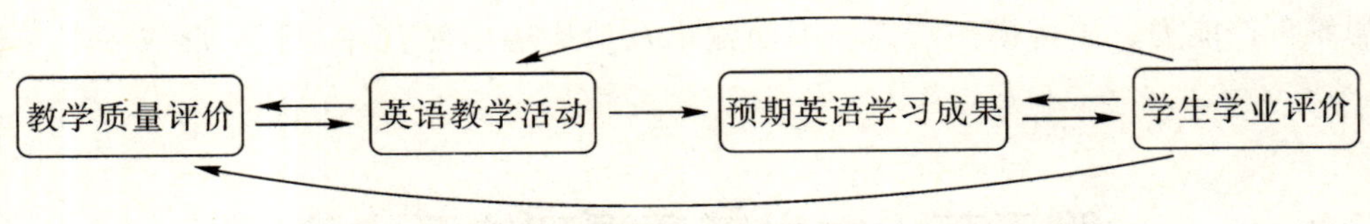

图 4-1　英语教学成果与教学活动、教学评价关系图

1. 教学评价有利于指导教学实践

教学评价包括教师教学质量评价和学生个体学业评价，其作用是改善教师的教和学生的学，是教学工作的有机组成部分。首先，教学评价对教学实践有指导性作用。教育者所评价的内容和任何内容的传递都是以评价标准为指导的。在大学英语课程教学过程中，教师应该根据教学评价指导教学实践。在特定的评价标准指导下，教师应按照其希望学习个体达到的理解水平、英语技能等要求，创建一个可能达到预期学习成果的英语学习环境，制订相应教学计划、教学方法，促使学生个体达到预期的英语学习成果。教师可以以有意义的方式评价学生个体的实际英语学习成果与预期的英语学习成果的匹配程度，重新指导教学实践，力图在教学和评价之间建立一种共生关系。教学评价可以促进反思性教学。英语教师根据教学评价，反思教学实践中哪些方面需要改进、英语学习活动中哪里出了问题、学生个体存在哪方面英语问题，以及学生的思辨能力、跨文化交际能力是否得到增强等，以此重新调整教学设计、教学内容、教学方式、教学进度等，构建满足不同个体个性化需求的英语教学，促使学生个体更深入地学习、更全面地发展。

2. 教学评价有利于促进学生个体的英语学习

教学评价作为确保教学质量与监督学习效果的重要途径，不仅对教学起指导作用，而且有利于促进学生个体的英语学习。从学生的角度看，教学评价是决定实质的课程。如图 4-2 所示，学生个体学习的预期成效是与教学评价对接的，学生个体的具体学习活动也是依据教学评价进行的。也就是说，在英语学习实践过程中，学生个体总是倾向于学习他们将被测评的英语知识和技能。当英语教学评价与学生个体所学的内容相匹配时，便会起到积极效应，激励学生个体的英语学习。

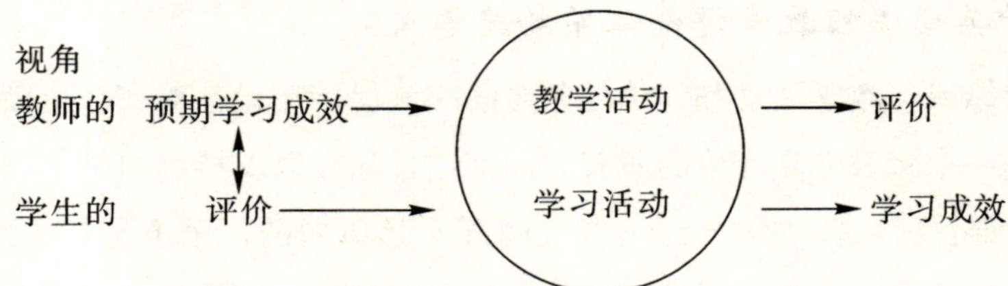

图 4-2　教师和学生看待教学评价的视角

此外，教学评价还有利于学生个体之间的良性竞争，推动协同发展。教学评价必然会有横向比较，也会提供学生个体间差距的具体信息，这样就促使了学生个体不断反思，不断改进，不断完善，最终促使学生个体之间协调进化。

总之，大学英语教育多元化评价体系的构建，在促进我国大学英语教育事业的健康发展和提升大学英语教学质量，以及培养卓越国际化高端人才上都起着重要作用。

（二）大学英语课程评价体系的构建策略

在全球化、信息化背景下，大学英语教育肩负着培养国际化高端人才，讲好中国故事，提升国际竞争力等的语言桥梁作用。对于英语学习效果的评价，要关心学生的英语实际学习成效和综合能力，如学生个体与其他同学合作情况、活动中的参与度、分析问题和解决问题的能力、思辨能力、跨文化理解及表达能力、协商能力等。目前，新信息技术丰富了测评形式，重塑大学英语课程评价体系势在必行，必须构建一个生态、科学、综合、多元、动态和开放的评价体系，给予学生个体一种纵深方向发展的评价体系。鉴于此，笔者着重对大学英语课程中学生个体的英语学习成效评价体系进行研究。

通过不断总结和反思大学英语教学和评估实践，在现有测评机制基础上，构建了生态化大学英语课程学生学业评价体系图，如图 4-3 所示。

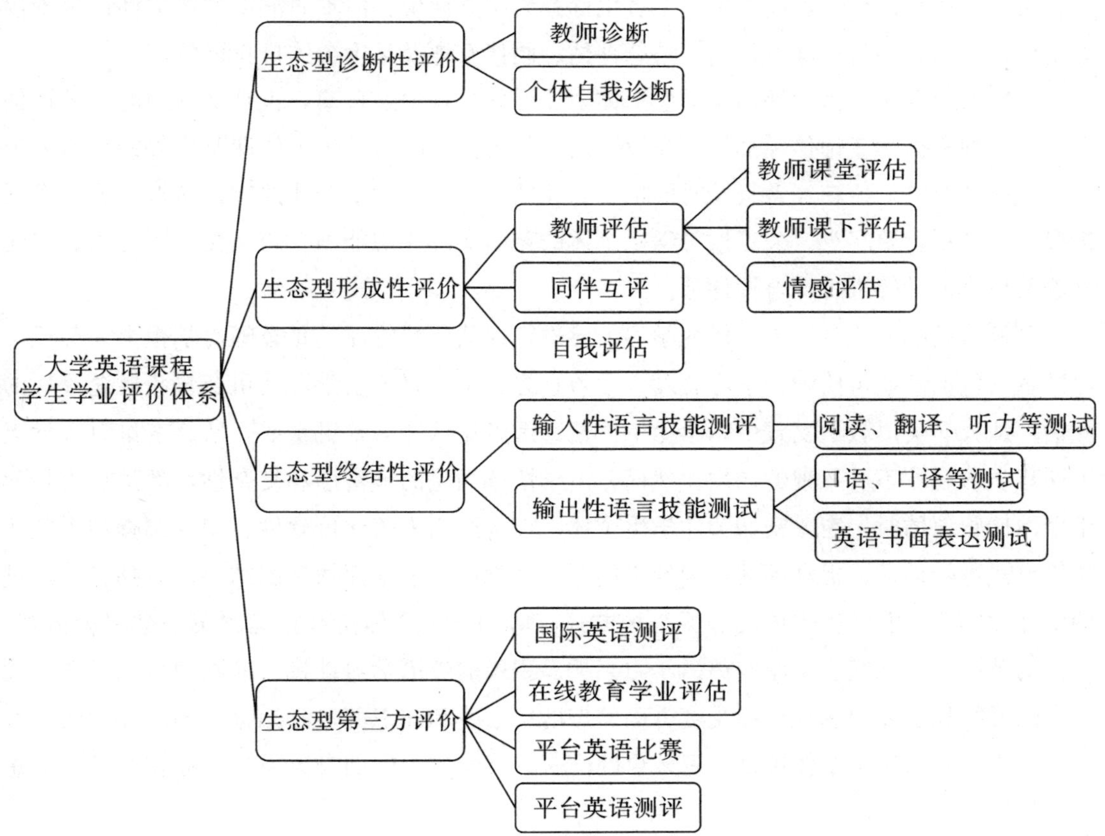

图 4-3　生态化大学英语课程学生学业评价体系图

1. 生态型诊断性评价

诊断性评价也称作准备性评价，是每个学年教学活动开始之前或单元教学活动开始之前，教师普遍使用的一种预估方法，旨在对学生个体的知识、技能以及情感等状况进行预估，预判学生具备何种条件或能力，为个性化教学提供依据。以往，开展诊断性评价的主要动因是教师，教师根据学生个体所掌握的知识、能力和规划，设计、组织、协调、指导和跟踪课堂上开展的教学活动，以满足学生个体的需要、解决学生个体所面临的困难和给予学生个体实现目标的机会。

诊断性评价的关键是评估必须是生态的、永久性的，而非一次性的，收集与学生个体有关的具体学习证据，并对所收集到的相关信息做好记录，用于调整大学英语课堂教学，监控学生个体的发展动态，从而优化大学英语教学过程。

2. 生态型形成性评价

形成性评价是贯穿教学全程，能为教师和学生提供反馈，以调整他们正在进行的教与学活动的促进学习的一种评估，其目的在于消除目前学习状态与预期学习目标之间的差距。对于形成性评价，国内外诸多学者也称其为课堂评价。但本研究中的形成性评价不仅限于课堂评估，还包括课下评估、情感评估、同伴互评及学生个体自我评估。

（1）教师评估。教师评估是学生个体学业评估过程中最普遍，也是最常用的一种评估方式。教师根据学业评估标准和自身设定的一些价值标准对学生个体课堂内外的行为表现和考试成绩等进行比较经常且及时的检查和评估，以了解学生个体的知识掌握和能力发展情况。教师一定要客观、公正地对学生个体的英语实际应用能力、跨文化交际能力、文化素养及思辨能力等进行综合性评估。

此外，教师还应对学生个体的学习情感进行评估。情感评估是教师对学生个人英语学习情感（包括学业价值观、学习态度、学习意志、学习兴趣、学习动机、自我概念等）的评估。从大学英语教学实践中，学生个体情感因素比认知因素更重要，情感变量对大学英语课程学习有着不可忽视的作用。然而，由于情感内涵的丰富性和复杂性，教师在进行学生个体情感评估时一定要密切关注学生个体，综合运用表情评价软件、问卷调查和个别访谈等方式进行评估，提高评估过程的可信度和合理性。依据评估后的结果，教师可以通过调整课堂实践、和学生个体交心谈心等方式，协助学生个体持有正确的英语学习价值观、端正的英语学习态度、浓厚的英语学习兴趣、积极的英语学习动机、准确的自我概念（关于自己的特长、能力和社会接受度方面的态度、情感和知识的自我知觉）等。在激活大学英语课堂，提高学生个体英语学习效果的同时，让学生个体切身感受到其存在和发展的意义和价值。

（2）同伴互评。同伴互评既能提供改进学习效果和过程的反馈，也能帮助学生个体理解和使用评价标准以发展评价能力，[①] 还能促使合作型英语学习环境的构建，最重要的是，能培养学生个体公平、公正的品行。语言学习，尤其需要同伴间的相互合作。它既可以增加英语语言输入与输出的机会，也能减轻学生个体在实践交际活动中可能产生的焦虑，更能培养学生个体的团队协助能力。大学英语教学实践过程中，同伴评估可以在某一英语学习任务或活动完成后开展，学生个体（可以匿名）对同伴在此次任务或活动中的参与度、英语知识能力、英语应用能力、合作能力等进行评估。通过同伴间的评估结果，学生个体可以进行反思，调整个人状态，更好地参与下一次英语学习任务或活动。同伴测评也可以用于评估同伴课堂表现、学年表现。当然，同伴测评也需要按照一定规则。首先，教师应对学生进行充分培训，让学生个体了解评价标准。其次，学生个体一定公平、公正，根据事实给出评价，摒除个人主观好恶。最后，教师要对互评结果做好记录，并进行总结型反馈，指导和帮助学生个体依据评估促进新的英语学习。

（3）自我评估。自我评估是学生个体对自我英语学习成效进行反思的一种评估方式。在反思的过程中，学生个体通过自我独白辩论，了解到自我英语学习成败的原因。国外有关学者把个体活动成败的原因主要归结为六种：能力高低、努力程度、身心状态、任务难易、运气好坏和其他外部影响因素。他又把以上内容分为三个维度：内部原因（能力高低、努力程度、身心状态）；稳定性归因（能力高低、努力程度）；可控制性归因（努力程度）。个体归因方式直接影响其对未来活动的选择和动机强度。换言之，学生个体如果把某项英语活动的评估结果——成功归因于内部因素，就会产生自豪感，并会努力取得更大的成功。同样地，如果学生个体把评估结果——失败完全归因于内部因素，就会产生挫败感，放弃或中止此项英语活动。但如果学生将失败归因于一些不稳定的原因，如运气或者情绪等原因，可能不会降低随之而来的对成功的期望，维持一个高能力的自我概念。因此，教师应引导并鼓励学生个体对所参与的任何英语活动给予正面归因，用积极、客观的态度对待自我英语学习成果，并帮助其确定新的英语学习目标。

生态型形成性评价不只是一种评估方式，更是一种教学理念，要关注学生个体生态特点、还原课堂生态本质，真正为教与学服务。

3. 生态型终结性评价

终结性评价是在一段学习之后（一个学期或学年）或一门课程结束后，为了了解学生的学习成果展开的正规化、制度化的考查或考试，从而进行成绩评定的评估。此评估通常采用较固定的形式，如学生经过集中复习，在固定的时间内完成一套题等[②]。终结性评价包括输入性语言技能测试和输出性语言技能测试。

---

① 周季鸣，束定芳．同伴互评中的教师实践与学生认识互动研究［J］．外语界，2019（5）：64.

② 罗少茜．英语课堂教学形成性评价研究［M］．北京：外语教学与研究出版社，2001.

4. 生态型第三方评价

第三方评价作为大学英语课程评价的一个重要补充和辅助手段，通过增加国际在线课程学业评估、国际测试或国内大型赛事等社会评估元素参与教学评价，有利于优化评价方案和评价指标体系，进一步促进评价对象更加全面、客观、科学地审视自身的教与学情况，采取针对性较强的整改措施。因此，第三方评价能够服务大学英语教育模式改革，推进教育理念革新，保障大学英语教育评估体系朝着客观、公正、科学、全面的方向发展。

第三方评价在参与高校“专业＋英语＋人文素养”人才培养过程中，不仅可以动态了解国内、国外不同时期对人才培养的实际需求，而且可以打破大学英语教学的同质化现象，实现特色人才培养的多样化，促使大学英语教育在开放教学过程中形成基于市场变化和时代需求的高效反馈教学机制。

在此，从生态视角对大学英语课程多元化评价体系构建进行了分析研究，旨在以后的大学英语课程教学实践过程中，英语教师在课前可以结合学生个体的自我诊断情况，粗略地对学生个体进行一个初步诊断性评价，然后根据评价结果组织、设计课堂教学，借助信息技术，尽量给予每个学生个性化英语教育，并在具体教学过程中，通过不间断地观察与记录学生的学习行为、状态、情感变化及学习成效，结合同伴间互评和学生自我评估，调整正在进行的教学活动，最后结合终结性评价和第三方评价，对学生有一个客观、公正、科学的评估。

为了适应当前不断发展的社会，培养满足社会需求和国际需求的高端人才，大学英语课程评估体系必须进行重构，采用生态型诊断性评价＋生态型形成性评价＋生态型终结性评价＋生态型第三方评价相融合的多元化动态评价体系，使教学、学习和评价能够建设性地结合起来，构建集教、学、测、评、研于一体的全新大学英语教育生态。

二、大学英语课程教学质量内部保障体系构建

大学英语课程教学包含语言知识与应用技能等内容，也是增强学生英语学习策略、跨文化交际能力的主要途径。教师通常以英语教学理论为指导，选择或应用多种教学模式、手段开展教学。大学英语课程教学质量内部保障体系的构建十分必要，教学过程因素、教学管理保障因素是影响大学英语课程教学质量的主要原因。现阶段大学英语课程教学质量依然面临诸多问题，只有根据大学英语课程教学实际情况，构建完善的教学质量内部保障体系，才能保证英语教学质量，促进课程教学全面发展。

我国对外交往日益频繁，大学英语课堂教学的重要性得到更多人的认可与认知。当前我国很多高校开设丰富多样的英语教学课程，但是从大学英语课堂教学的实际情况来看，其教学依然存在教学质量方面的问题，高校需要构建一个行之有效的教学质量保障体系，促进各项教学工作规范化、多样化开展，进而更好地解决英语课程教学存在的各种问题。

（一）大学英语课程教学特征

大学英语课程教学通常以外语教学理论为指导，包括英语语言知识与应用技能、学习策略等主要内容，是集教学模式、教学手段为一体的教学体系，与其他学科课程教学相比存在明显的差异性特点。大学英语课程教学的开展是促进非英语母语国家实现国际交流、促进全球经济一体化发展的有效路径。大学英语课程教学特征主要表现为：其一，大学英语课程教学存在教学环境复杂性的特征。学校学风和社会环境共同组成教学环境，且学风又包含学生学习风气、学校学术风气及治学风气等。在学风建设和发展中，学风作为一种群体风气，关系着道德问题，也与学校历史沉淀、管理体系、文化传统之间存在很大关系；其二，大学英语课程教学中学生基础存在差异性特征。大学生因为受到地域、中学阶段英语教学条件、个人学习水平差异的影响，在英语课堂学习中呈现出较大差距，英语学习能力参差不齐；其三，大学英语课程教学的过程具有系统性特征。由于大学英语教学具有较强的系统工程特点，所以高校应该加强各部门之间的密切配合，更好地实施英语教学课程要求，不断实现英语课程教学提出的教学目标。尤其是教务处和学工部应该积极与大学英语教学之间互动和联系，为大学英语课程教学提供保障；其四，大学英语课程教学模式具有实践性特征。教学过程中，英语课程属于一门实践性较强的课程，因此，在具体教学和实施中主要停留在课堂，课堂既是教师和学生之间交流的主要场所，又是教师了解学生学习实际情况和控制学生情感因素、协调学生英语学习行为的地方。以上是大学英语课程教学的含义和特征，在英语教学中，教师不仅要注重一定知识的传授，而且要运用活泼和比较真实的教学氛围引导学生，加强语言学习主体和学生之间的交流与交际，调动学生学习的主动性。

（二）制约大学英语课程教学质量的因素

1. 教学过程方面

大学英语课程教学实施以来，其教学活动具有多因素且复杂运动的特点，教学质量受到教学内外部条件和教学过程中各个阶段的影响，也与人才质量存在密切关系。现阶段，从部分高校实际情况的角度而言，大学英语课程教学质量的制约因素之一是教学过程因素。大学英语教学系统演化的动态过程就是教学过程，具有较强的结构性特点，呈现出教学系统的动态结构。从形式上而言，教学过程可以简单地概括为教学双边活动的过程。换言之，教学过程也是教师引导学生有效学习、认识、实践的过程。大学英语课程教学过程中的一切条件、工作都会影响课程教学质量，进而制约大学英语课程教学质量的提高。以教学目标为例，教学目标是大学英语课程教学活动的出发点，也是预期教学结束时应该达到的学习结果。教学活动的开展需要围绕教学目标，充分发挥教学目标的带动和引导作用，判断教师完成的教学任务是否达到相应标准、要求，也需要根据教学目标进行分析和判断，教师在掌握学生学习结果、明确阐述学生最终行为过程中也离不开教学目标的支撑。所以，制约大学英语课程教学质量的首要因素是准确的教学目标定位。教学是否达到预定的教学目标也是衡量教学质量的标准，教师只有把握和明确正确的教学方向与教学目标，才能在最大限度上将教学工作落实。并通过创新的教学模式和教学方法对学生开展高质量的教学活动，带领学生结合合理的教学目标与学习目标，优化和改善学生自己的学习行为，增强教学质量。在教学过程方面，教师因素对英语课程教学质量的影响较大。作为教学的主体和引导者，教师应发挥教学的主导作用，在重视教学方向、内容、方式方法创新的基础上，培养学生学习动机、学习方法、学习能力。教师在实际课堂教学中，其教学质量和人才培养质量受到教师业务水平、教学水平、创新能力等因素影响。在教学过程方面，学生因素也会制约课程教学质量。在实际教学过程中，学生作为学习的主体，应该突出学生学习的主观能动性，从学生学习的本身而言，学生是内因，学生个人对英语课堂学习的认知水平、学习能力直接影响学生在英语学习期间的程度和效果。学生英语学习基础能力和学习兴趣的高低也会在一定程度上影响教学质量的高低。当前制约教学质量的内在因素体现在学生素质条件方面，通过学习活动和教学过程体现出来，教师实际教学效果最终要从学生的学习角度和能力方面来实现。因此，教师在教学过程中应该注重学生学习动力、学习毅力、英语基础的培养，因为这些会对学生知识的学习和掌握产生直接影响，更是教师教学效果和教学成败的主要影响因素。

2. 教学管理方面

大学英语课堂教学质量受到教学管理方面的影响，教学管理因素中的管理因素是影响英语教学质量的协调性因素。为了提升大学英语教学水平，学校和教师都应该做好英语教学管理工作，构建稳定的教学秩序，提升教师教学积极性和学生自我教育的主体意识。通过教学管理可以形成有效的教学指挥系统，对教学管理规则制度进行制定和实施。科学地优化和指导整个教学过程，又能将教学管理的职能作用散发出来，为教学工作正常运转提供保障，增强教学工作效率，为促进教学质量的全面提升提供有力保障。所以，在大学英语课堂教学中，应该将教学管理贯穿到教学的全过程，发挥教学管理指导、检查、督促教学过程的优势作用，辅助英语教学实现理想的教学目标，提升教学效果和质量。教学管理因素中的教学保障因素是影响教学质量的主要因素。目前学校英语课堂教学保障系统主要包括教学物质条件保障、互联网基础设施保障等，为了保证教学活动正常运转，需要维护和优化保障系统，如果保障系统当中的任何一个环节出现问题，均会给学校教学和大学英语课程教学带来很大影响，甚至容易对优化和改进教学质量产生负面影响。

3. 教学环境方面

目前，我国大学英语教学具有较强的开放性特征，社会发展方面的环境因素对大学英语课程教学运行和发展带来一定影响，进而间接地对教学质量产生一定影响。大学英语课堂教学质量的制约因素除了教学环境方面，也会受到其他复杂因素的影响。为了更好地优化和提升英语课程教学质量，需要结合相关制约因素，做好教学活动和过程的协调、控制工作，对教学质量工作进行全系统、全方位管理，从多方面提升大学英语课程教学质量。

（三）大学英语课程教学质量内部保障体系构建策略

1. 加强课程教学改革

教学改革背景下，为提升大学英语课程教学质量，高校应该重视课程教学质量内部保障体系的构建，落实教学改革工作。构建教学质量内部保障体系是大学英语课程教学改革的基本路径，在实际构建中加强课程教学改革，提升企业参与度，根据企业相关标准改革旧有的课程教学模式和教学内容，让大学英语课程教学培养出的人才更好地满足企业发展需要。在课程教学改革中，可以从教学内容方面适当提高行业英语知识的比重，结合社会发展实际情况和行业英语知识内容，安排大学英语课程教学内容的学习。通过这种方式，有利于优化和补充传统大学英语课程教学内容，努力向提高学生英语综合能力的方向发展。在课程教学改革和内容优化方面，高校可以将大学英语课程教学内容按照不同的试点专业进行针对性的划分，培养学生英语应用能力和实践能力，比如可以细致地划分为物流英语、机电英语等专业性更强的英语教学模板，从多方面培养学生的英语实践和应用能力，推动学生全面发展和进步。

2. 实现多元主体监管

要想构建大学英语课程教学质量内部保障体系，学校需要注重课程教学监督和质量管理，并实现多元主体监管，体现课程教学质量内部保障体系构建特点。首先，在内部保障体系的建立中应发挥政府、企业、学校之间相互配合的优势作用。政府需要做好英语课程教学质量内部保障的顶层设计工作，制定关于教学质量内部保障体系构建的标准和政策要求，将教学质量内部保障体系的构建工作落实，为学校构建课程教学质量内部保障体系奠定基础。其次，大学英语课程教学改革和发展中，可以引导相关企业参与大学英语课程教学质量的内部保障和监督工作。企业参与的目的是培养出满足企业自身发展所需的创新型人才，所以在负责教学任务和进行教学监督的过程中会严格按照行业标准培养学生，对英语课程教学过程和质量进行有效监督，让大学英语课程教学和教学质量内部保障符合企业发展的实际需要，以及企业对创新型人才培养的要求。学校和企业可以将企业规范制度引入教学质量内部保障体系的建设中，要求学生有效遵守英语课程教学和企业规范制度，同时学校需要保障学生享有的权利，引导学生实施自己的监管权力参与课程教学质量内部保障体系的建设当中。最后，学校需要创新现有的大学英语课程教学体系、方式，从优化教学方式的角度出发，构建教学质量内部保障体系。在选择和应用教学方式的过程中，学校和大学英语教师可以按照学生学习需求，为学生引入线上线下、网络化的教学方式，构建基于线上线下教学和教学质量内部保障与监督的教学体系，发挥网络化教学监督和管理的优势作用，对学生线上学习行为、思想动态进行有效监管，并通过线下互动教学了解学生英语课堂学习的意识和思维情况，结合实际情况有针对性地改善英语课堂教学，形成完善的课程教学质量内部保障体系，从多角度对学生的学习进行监督和管理。

3. 积极编写英语教材

教学质量内部保障体系构建的角度下，大学英语课程教学需结合实际发展需要重新编写相关教材，充分体现现代化的教学模式、教学内容。在积极编写英语教材的过程中，学校可以以企业为主导，按照英语行业标准，达到英语理论和实践教学对接的目的，使学生可以通过教材学到更多实用的专业英语知识，为学生将来工作奠定坚实基础。在教材编写和设计方面，学校和教师应重点整理碎片化的行业英语知识，并为学生的学习做好归纳总结，进而方便学生日后学习，让大学英语教材成为学生课堂学习和日后工作的主要英语工具书，提升学生良好的学习效果。并且，积极编写大学英语教材可以为课程教学质量内部保障体系构建奠定基础。优化大学英语教材也是提高课程教学质量的关键一步。在编写英语教材中，教师可以引入学生感兴趣的行业英语知识内容，或者将学生感兴趣的英语网络教学案例、素材引入教学中，进而培养学生良好的学习能力，提升英语课程教学质量。

在大学英语课程教学中，学校需要构建一套完整的、系统的内部外部监督和规范化指导体系，这样才能在内部和外部质量保障体系健全的情况下提升英语教学质量，促进英语课程教学工作顺利开展。

第四节　大学英语课程设计与开发

随着计算机硬件与网络技术的不断发展，许多新兴技术也不断从幕后走向普及之路。近两年来，不管是在产业领域，还是在教育领域和研究领域，虚拟现实技术都可以称得上是一个热点。随着软件的开发及相关硬件成本的降低，加之虚拟现实技术在培训教育领域的巨大潜力，开发设计相关的课程以及配套材料势在必行。结合我国一些学者对于大学英语教学现存问题的研究，将虚拟现实技术与大学英语教学结合不失为一种改进教学效果的新道路。

一、相关概念及理论

（一）虚拟现实技术

虚拟现实技术是一种以计算机技术为核心的现代高科技，借助这项技术可以生成逼真的虚拟环境。凭借各项技术的结合以及外部设备的辅助，使用者能够获得与真实环境相差无二的拟真体验。虚拟现实的技术原理如图 4-4 所示。

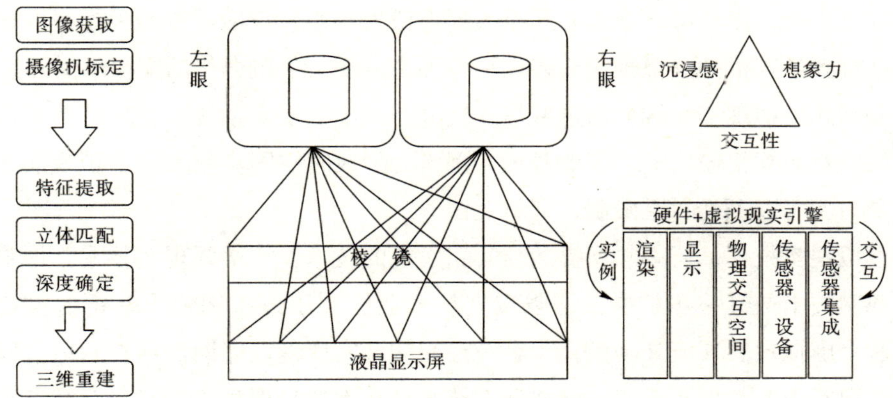

图 4-4　虚拟现实的技术原理

沉浸感、交互性和想象力是虚拟现实系统的三个基本特征。沉浸感在由计算机模拟环境下的用户可以通过各项设备获得感知和理性层面上的认知，同时构建良好的虚拟现实环境也能够帮助使用者深化知识构建以及创意的催化。由于虚拟现实技术本身的技术特性以及高度的综合性，其具有以下主要特征①：

（1）虚拟现实技术是依托各项学科的跨学科技术。虚拟现实技术不仅包含计算机相关的学科诸如图形处理、多任务处理、网络技术等学科，而且包括天文、地理、心理学、光学等看似完全无关的学科。要想创建真实的虚拟环境，就需要方方面面的关键技术密切结合。

（2）虚拟现实系统离不开人的临场化。用户和虚拟环境是实现交互的基础，二者互相依存，缺一不可。

（3）虚拟现实系统需要多个子系统与环境的大规模集成。虚拟现实系统是具有许多不同功能的、不同级别的子系统大规模集成而综合形成的环境或系统。

（4）虚拟现实的数据基础需要具备多样化和标准化两大特征。要想实现一个虚拟现实环境的运行，就需要大量的数据作为基础，高速的数据读写速度、实时的网络传输以及同时具备分布和并行化两种数据处理方式。

虚拟现实技术主要包括以下三种类型②：

（1）桌面虚拟现实系统。这套系统以计算机屏幕为现实载体，使用者借助鼠标、手柄等工具进行交互。但是由于没有一个相对封闭的环境，使用者较易受到来自外界的干扰，不过这套系统由于成本较低依然是许多用户的第一选择。

（2）完全沉浸式虚拟现实系统。用户需要佩戴身临其境的输出设备（如头盔、能够提供力量反馈的机械臂等），以及头部和身体跟踪设备，以确保其精确身体运动与环境反馈之间的匹配，用户的视觉和听觉可以借由头部显示设备或是其他可穿戴设备与外界隔离，

① 高疏寒．基于 VR 技术下虚拟教学应用的思考［J］．视听，2018（1）：202—203.

② 钟正，陈卫东．基于 VR 技术的体验式学习环境设计策略与案例实现［J］．中国电化教育，2018（2）：51—58.

借此消除外界干扰，用户可以全身心地投入到虚拟世界中。目前，有两种这样的产品，一种是需要连接到计算机的虚拟现实头盔；另一种是需要与手机合作的虚拟现实眼镜。

（3）分布式虚拟现实系统。通过网络连接分布式虚拟现实系统，在该套系统内采用同一传输协议以及数据传输格式，借助各类大型平台形成时空同步的大型虚拟现实环境。这类平台的参与者可以不受时空限制，即时交流。

提到虚拟现实技术，还必须要提到与其相对应的技术——增强现实技术。增强现实技术是虚拟现实技术的进一步扩展。增强现实技术能够利用设备构建出一定的虚拟现实环境，同时这个虚拟现实环境又是依托于客观存在的现实环境，借助该项技术可以同时向用户呈现虚拟现实内容与现实环境。增强现实技术具有虚拟与现实、实时交互和三维注册相结合的新特点，同样也是一种快速发展的新兴研究方向。从广义的层面讲，“增强现实”指的是“提高自然反馈操作和模拟的线索”；从狭义的层面讲，“增强现实”是一种虚拟现实的形式，其中参与者的头盔式显示器是透明的，可以清楚地看到“现实世界”。另外，一些学者还根据其功能或特征来定义增强现实技术。比如将增强现实技术定义为具备三个特征的一套系统：一是能够实现虚拟现实环境与现实环境的结合；二是能够实现实时互动；三是能够实现虚拟现实环境中的物体与现实环境中物体的三维坐标吻合。虚拟现实与增强现实的关系如图 4-5 所示，在真实环境（即使用者所处的真实世界）上叠加虚拟的对象，就是把现实的环境增强了，也即增强现实，比如我们常见的一些增强现实卡片或是一些增强现实小应用，而在虚拟环境上叠加虚拟的对象就是增强虚拟。

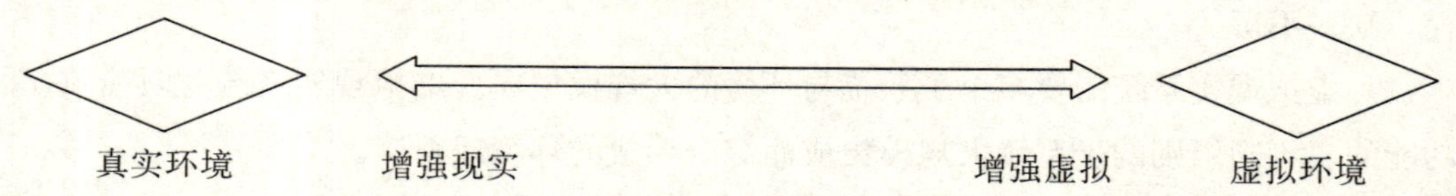

图 4-5　虚拟现实与增强现实

（二）相关理论基础

1. 体验式学习理论

在体验式学习过程中，学习者不仅会将自己的亲身经历融入其中，而且会同时调用各个感知系统进行综合性的感知与学习，以此全身心地沉浸到学习过程中，并在此过程中循序渐进地将各项感知转化为自己的知识，这样的转换过程带来的影响是极其深刻的。在体验式课堂中，参与的学习者能够互相交流经验并且将所学的知识付诸实践，这样更加有助于学习者的学习。总而言之，体验式学习理论要求学习者全身心地投入到学习活动中，充分发挥主观能动性，将自己置于教学活动的中心。

2. 情境认知理论

情境认知理论①包含两层含义，一是情境，即学习者在学习过程中接触到的社会环境

① 刘亚龙．基于情境认知理论的大学英语多媒体网络教学研究［J］．电化教育研究，2009（7）：113－116.

与自然环境；二是交互，即学习者的知识是通过不断地交互增长的，而非单独的各个概念组合或是罗列。知识是情境化的，而整个学习过程是动态的，虚拟现实技术也正契合了这一理论。在本次的教学实验中，将情境认知理论应用其中，将教学内容转化为虚拟现实视频，同时结合教学设计在虚拟现实视频中有逻辑地进行重难点的分配讲解，借此帮助学习者进行注意力的分配与集中，使学习者沉浸在虚拟环境中，将注意力集中于教学内容，同时通过与情境的交互进行自主高效的知识构建。由此可见，情境认知理论对于虚拟现实视频的设计与制作具有重要的指导意义。

3. 沉浸理论

沉浸理论认为，当人们进行某些特定的日常活动时，会充分参与这种情况中，集中注意力，并将所有无关的感知过滤，使得主体意识处于身临其境的状态中。在本书中，“沉浸”是指学习者能排除外界以及无关信息的干扰，全身心地投入虚拟环境的学习中。本书依据沉浸理论挑战教学难度，合理安排教学重点，对学习者的技巧做出一定要求，并且以生动有趣的形式还原教材内容，借此激发学习者对于学习的兴趣与挑战欲望。

4. 建构主义理论

建构主义理论解释了个体对于世界的认知与解构方式，其中最重要的四个环节为图式、同化、顺应与平衡。本书的设计思想也是以建构主义理论为基础，以学习者为中心，通过对学习者自身的研究与调查，了解学习者自身的知识水平，同时借助新型的技术手段，结合科学的设计帮助学习者进行积极主动的探索学习。虚拟现实视频要求长期、实时地更新与维护，能够随时依据学习者的自身特点进行修改，帮助学习者更加高效地学习与探索。同时，虚拟现实视频由于其本身的特性，具有天然的吸引力，能够很好地引起学习者的学习兴趣。综上所述，经过良好设计的虚拟现实视频完全能够契合建构主义理论对于学习过程中的各项要求。

二、虚拟现实视频的教学设计

在本书中，采用的是经典的 ADDIE 模型，将教学内容进行科学合理的安排与拆分，以此提升虚拟现实视频的教学质量。

（一）ADDIE 教学设计模型的理论内涵

ADDIE 教学设计模型是一套十分经典并且十分成熟的模型，也是目前广泛使用和讨论的教学设计模型。ADDIE 教学设计模型由分析、设计、开发、实施、评价五个环节构成，对学习内容、学习方法、学习过程、学习成效等问题进行了系统的分析研究。如图 4-6 所示，说明了 ADDIE 教学设计模型所包含的五个阶段彼此之间的紧密相连以及不断反馈的关系。在这五个阶段中，分析与设计奠定了整体教学设计的基调，确定了整体设计的目的与方向。开发与实施阶段则是整体的核心流程，依托分析与设计进行全方位的设计与制作。评价则是对教学结果进行有效的度量，同时为各个环节的调整与修改提供依据。整个环节是一个循环往复的过程，通过不断地收集反馈并对内容进行调整，提升教学质量以及改进教学设计。

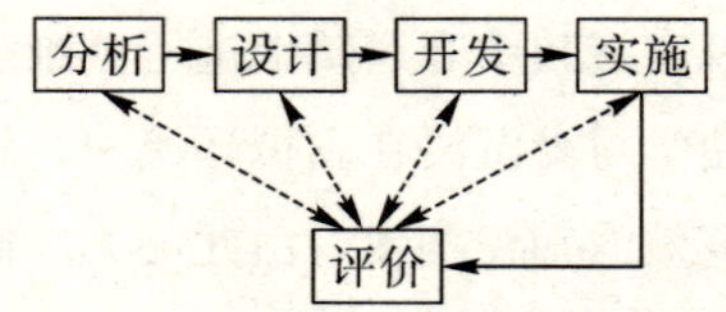

图 4-6　ADDIS 教学设计模型结构图

（二）ADDIE 教学设计模型的构成要素

1. 分析阶段

分析阶段是整个过程中的奠基阶段。在这一阶段中，教学设计者必须明确一个根本问题——教学设计的根本目的。ADDIE 模型的分析阶段是“收集数据以识别特定需求的过程：是关于谁、什么、何地、何时和为什么等问题的思考阶段”。设计者要在这一阶段收集学习者的信息，确定学习者真正的情况与需求。首先，设计者要依据教学内容确定教学目标，对于目标的设定要符合学习者自身的实际情况。其次，设计者要明确学习者的真正需求，不仅要关注问题，而且要深入探究问题产生的根本原因。

2. 设计阶段

在设计阶段，设计者需要经历一个思考流程。首先是所设计的课程或者是单元的根本目的是什么；其次是凭借什么样的设计能够达到这一根本目的以及如何有机地结合这些设计；最后是如何借助评价来检验这些设计是否达成了当初的目标。这四点在虚拟现实视频的设计过程中亦是如此。首先要依据第一个问题确定课程的根本目的，同时以根本目的为基础进行目标的设定。在目标设定完成后，将其分解成一个个可执行的单元内容；其次要注意合理地安排各个单元内容，并且要设计与之匹配的传递方式和所需要的配套工具。在确定顺序时要注意由易到难、由简单到复杂；最后要设计一套科学合理的评估体系，借助收集到的反馈来确定是否达成了目标，并为今后进一步的改进提供依据。在此次的虚拟现实视频设计中，亦是借助了这一思路，在前期进行了各项数据的收集，结合收集到的各项数据以及研究所选教材自身的特点，配合上合适的教学策略以及最后的评估体系，同时在开发流程中依据不断收到的反馈进行实时的调整与修改。

3. 开发阶段

在这一阶段，要将前期的分析数据以及内容转化为具体的设计或者说教学产品。设计者完成设计后就要开始实际建立教学模块，教学设计阶段要将各项理论融入其中，而开发阶段就是要将融入其中的理论依托各项技术进行实践表达。设计者自身要对材料有深度的理解与认识，帮助学习者更好地理解教学内容与材料。设计者将在这一阶段进行实际学习材料的创建，然后与实际学习者一起进行材料的测试。在下一阶段实施前，设计者可以快速建立一个试点模型，以此及时地获得学习者的反馈，根据反馈选择对于设计内容的调整方向，决定是否要以此原型为基础进行全面铺开。对于教学课程的开发和变革主要有以下几种情况：一是对现有的内容进行优化与改进；二是改变已有的内容；三是对整体课程进行彻底的重新设计。而在虚拟现实教学视频开发过程中，也同样遵循了这一方式。在此结合快速原型模型，快速建立一个模型进行试点测试，在得到反馈后选择改变已有材料。由此可见，开发阶段的实时调整与测试是教学设计过程中必不可少的重要一环。

4. 实施阶段

ADDIE 模型的第四阶段是指实际实施过程——课程设计者与学习者一同在教学环境内进行教学活动的展开，这一环节是前面几个环节的实体化环节。在这一阶段中，设计者要结合各项理论，确定教学策略，做好各项细节的设置，确保前期的设计能够在实际的教学环境中较好地实施。

5. 评价阶段

在 ADDIE 模型中，最后阶段（或者说下一个循环的起始阶段）是评价阶段。在这一阶段中，设计者要凭借预先设计好的测试系统对教学的有效性进行评价。但是，这里说的最后阶段不是传统意义上的“最后”阶段，因为 ADDIE 并非单方向的模型，在收集到有效的反馈后，设计者可以随时返回之前的各个阶段并对其进行修正。因为随着设计与开发的深入，以及课程开展的深入，随时会出现新的问题，而这些问题就要在这一动态的框架内进行解决。评价的方式是在设计阶段制订的，要结合过程性评价与总结性评价，最终衡定学习材料是否有效以及参与者学习成果的有效性。设计者必须借助这两项评价进行深入探索，确定问题出现的根本原因是设计出现的问题还是学习者自身的因素。可以依托专业人士的咨询意见作为过程性评价，以设计的调查问卷与访谈作为总结性评价。一是根据专业人士的意见对前期的设计制作进行及时的调整；二是凭借最终的收集确定参与实验的学习者最终学习结果的有效性。

ADDIE 教学设计模型是一个系统的动态的设计思维模型，其中的五个阶段互相依存、互相连通。通过对这五个阶段的灵活运用，因地制宜地在具体教学情境中使用，同时将其他设计原则与理论融入其中才能使整体设计取得更好的效果。不论是课程的设计开发还是体系的建立，都离不开 ADDIE 模型的基础逻辑，可以说 ADDIE 模型不仅是一种教学设计所用到的模型，而且是一种解决问题的系统化思路。

三、虚拟现实教学视频的设计与制作

（一）虚拟现实教学视频的开发模型总结

1. 虚拟现实视频的一般开发流程

在此次的开发过程中，结合了自身的经历以及比较成熟的软件开发模型——快速原型模型以及虚拟现实/增强现实应用的一般开发流程，总结出了一个虚拟现实教学视频的开发模型。

一般的虚拟现实/增强现实开发流程有以下五个步骤，如图 4-7 所示。

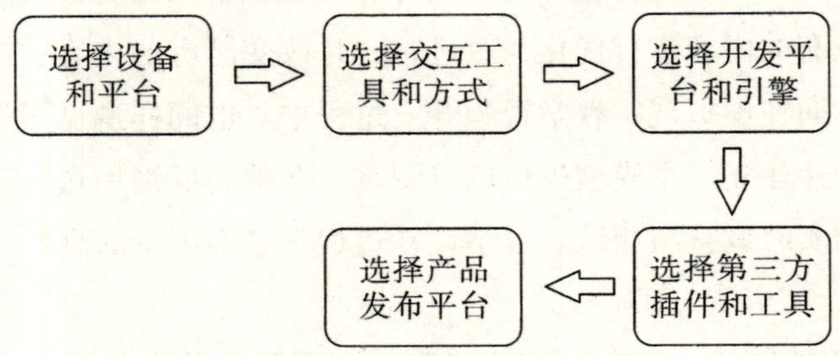

图 4-7　虚拟现实应用开发的基本流程

2. 软件开发的快速原型模型

此次开发制作中也大致遵循了上述流程，同时也借鉴了在软件开发过程中的快速原型模型[①]。快速原型模型的流程如图 4-8 所示。

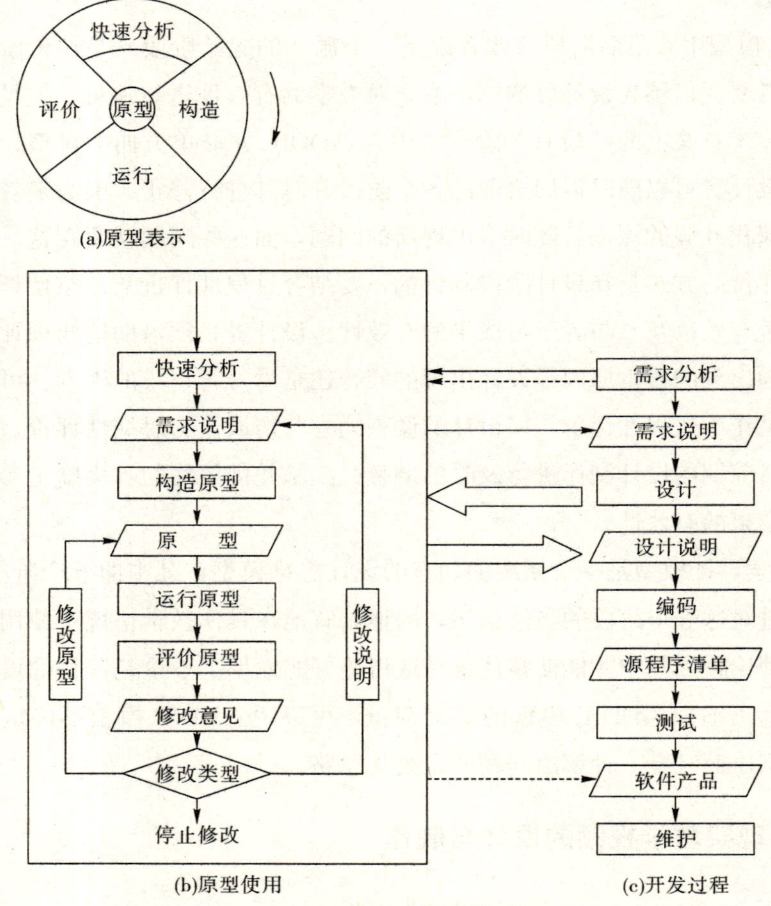

图 4-8　快速原型模型

---

① 石研．快速原型模型［J］．中国科技博览，2010（6）：81.

3. 虚拟现实教学视频的开发模型总结

结合开发过程，总结了一个虚拟现实教学视频的开发模型，如图 4-9 所示。

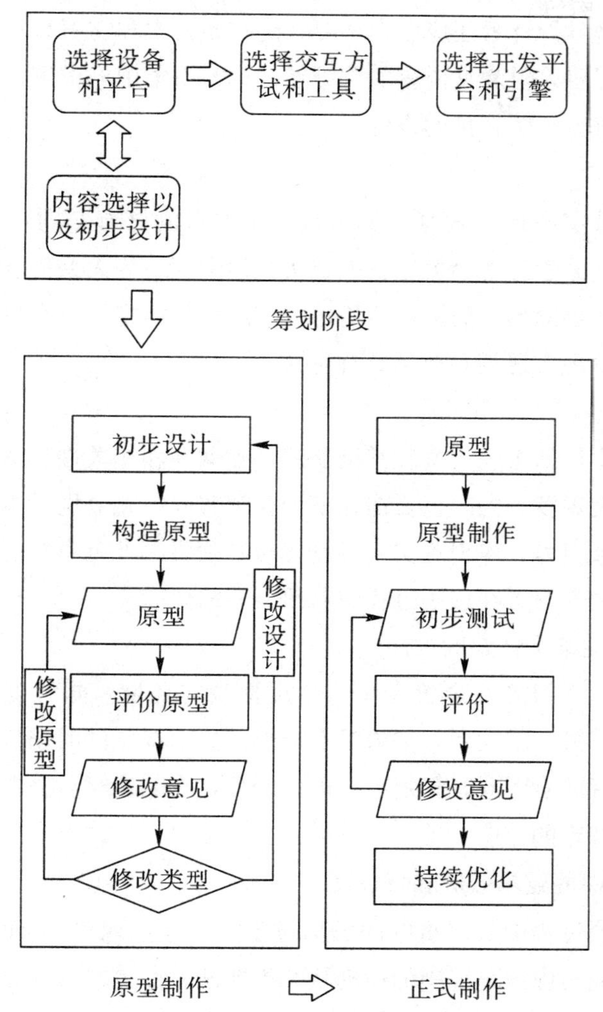

图 4-9　虚拟现实教学视频开发模型总结

由于虚拟现实视频的教学效果与虚拟现实的制作质量有极大的关联，故而在开发过程中需要不断调整测试。如果按照传统的制作流程，一旦出现较大的问题，大量的资源以及时间都会被浪费。由此可见，原型的制作非常重要。在初期出现大问题时就进行及时的调整，可以极大地避免上述情况的发生。

（二）虚拟现实教学视频的设计原则

虚拟现实视频具有互动性和可想象性，它可以为用户提供逼真的交互式虚拟学习环境。随着学习的深入以及相关的内容设计，可以不断给予学习者新的刺激与反馈，保持学习者长期的注意力集中。因此，虚拟现实视频的设计务必要提高学习者的感知能力，并推动教学目标的较好实现。虚拟现实视频的设计应遵循以下原则。

1. 科学性

虚拟现实视频的设计应充分体现教学内容的教育目的，设计者要对教科书的内容有深刻理解。与此同时，教学设计者还应考虑学习者的初始能力和学习特点，在虚拟现实视频中选择合适的流程与时机，对教材内容的重难点进行突出集中的讲解，并且还要符合教学设计的系统化精神，进行科学合理的设计。

2. 目的性

虚拟现实视频在教室中作为教育资源出现，学习者的好奇心同样也会成为一把双刃剑。在观看过程中，部分学习者会关注虚拟现实视频中的一些无关信息（比较典型的有全神贯注看风景或是看人物模型）而错过要传达的实际教学内容。只有将教育真正融入虚拟现实视频，才能使虚拟现实视频对教学更有意义。

3. 美学设计

在虚拟现实视频中，如果想要实现其沉浸感、互动性和相关性，整个虚拟现实视频的设计必须具有一定的美观度。同时也要能在整个教学实验中充分展示虚拟现实视频的自身特点，对学习者更具吸引力。虚拟现实视频设计时必须要参考色彩搭配、场景整体布局以及镜头语言等理论，使学习者在使用过程中获得良好的体验。

4. 提醒学习者关注某个特定的方向

虚拟现实视频能让学习者完全置身于一个虚拟现实环境，同时也能进行全方位的观察，但这同时也导致了另一个问题，如果没有足够的提示或是同时出现的内容过多，学习者可能无法遵从设计者的意图观察特定的方向。因此，在制作时有必要通过一定的提示信息让学习者关注某个特定的方向。

5. 考虑虚拟现实中的眩晕效应和舒适度

虚拟现实项目开展过程中最严重的问题莫过于“晕虚拟现实”，而这一问题出现的根源在于用户在现实环境与虚拟环境中的运动状态不匹配。简言之，就是用户的大脑被相互冲突的视觉、听觉等感官体验彻底弄晕了。那么，在设计过程中就要尽可能避免频繁的摄像头移动，过于强烈的场景色彩变化或是过强的光线刺激。

6. 对项目进行持续优化

对于虚拟现实应用来说，想要用户获得良好的体验，在虚拟现实开发中对项目进行优化是必不可少的。不仅要运行虚拟现实，而且因为移动设备的运算性能和散热性能相对桌面电脑来说要差一些，所以对于资源的分配要能够“精打细算”，学习一些比较先进的处理方式。

第五章　大学英语教师的发展

无论是哪方面的教学，教师都起着重要的作用。虽说大学多为自主学习，但教师的引导还是占据主要地位，因此，教师的专业素养需要到达一定的高度。本章主要以大学英语教学为对象，针对大学英语教师的发展进行分析，从而提升大学英语教师的专业素养。

第一节　大学英语教师发展概述

一、大学英语教师发展

大学教师从事的是一种教育性和学术性兼具的专门职业。教育性和学术性是大学教师最基本的特质，是大学教师职业生涯的核心，也是衡量大学教师专业发展水平的重要价值尺度。从大学英语教师的教师角色和专业性质分析，大学英语教师发展的内涵应包括教学、科研和社会服务的专业知识、专业技术、专业能力和专业素养。换言之，大学英语教师发展是指大学英语教师在其整个职业生涯中，依托专业组织，通过不断的学习与训练，使得专业知识与专业技术、专业能力、专业道德等方面由不成熟到比较成熟的发展过程，即由一个新手英语教师发展成专家型英语教师的过程。

大学英语教师发展是大学教师为提升专业水准与专业技能自觉学习并实施各项专业活动，改进教学效果，努力成为一个优秀的教育工作者的专业成长过程。从更深层意义上讲，大学英语教师发展是一个终身学习的过程，是一个不断充实、更新知识的过程，即教师通过接受专业训练和自身主动学习，逐步成长为专家型教师和学者型教师，不断提升自己专业水平的持续发展过程。

目前，大学英语教师面临着社会的期许和改革的机遇，只有及时调整自我、完善自我，加快专业发展的步伐，才能更好地担当起时代的重任。

二、大学英语教师发展理论

（一）教师转型发展的必要性

在我国大力推进与加强教师教育的研究和改革的背景下，教师发展的转型主要体现在，从忽视教师的工作现场到逐渐认识并充分运用工作现场在教师专业发展中的重要作用[①]。教师发展的取得，主要体现在教师工作的现场，除此之外，没有其他更好的办法促进其成长。

教师作为教育行为中主导者，是学校发展的关键因素，在很大程度上决定着高校转型发展的成败，所以，教师转型发展是高校的必然要求。

教师转型发展是培养应用型人才的必然要求。对高校而言，应用型人才培养意味着教师在教学理念、教学方法和教学手段方面的革新和改变，因此，教师在培养学生应用和创新能力发展的过程中发挥着重要作用，教师素质的提高和知识结构的优化是应用型人才培养的有力保障。

教师转型发展是教师自身发展的必然要求。从高等教育发展的形势看，培养应用型人才符合国家和地方发展的要求。教师发展应把自身的定位、方向与学校的转型发展结合起来，实现转型发展的目标[②]。

大学英语教师转型是人才培养结构变化的必然要求。社会发展对英语类人才能力结构的要求不断发生变化，当前，“具备一定英语应用能力逐渐成为各用人单位所需人才的必备条件。这一形势决定了大学英语发展的未来趋势之一：以开展专门用途英语教学，培养能满足不同行业英语需要的人才为重点。大学英语教师自当以此为契机，通过掌握一定的跨学科知识，实现自身知识结构的调整和完善”[③]。

此外，教师转型还是推动大学英语教学改革的必然途径。大学英语教师除教授英语基础课程外，亦可以通过通识教育课程模式使专业能力得到实现和突破，这是实现大学英语课程转向的重要途径之一。

转型发展对促进教师职业能力提升有正向作用。在转型发展中，“英语教师要不断提升自己的专业水平，更新教育理念，注重科学研究工作，处理好教学与科研的关系，以科研带动和提升教学质量。同时，要明确学科定位，探索有效的教学方式和方法，提高专业理论修养，促进实践教学工作的进步。此外，大学英语教师还应通过反思自己的教学，增强服务地方的意识，以教学目的为标准，评估教学效果，在教学实践中不断进行应用型的教学改革和创新”[④]。

（二）教师发展与反思行为

教师专业发展在进入“专业化理论”后，出现了教师专业发展的实践—反思取向的理

---

① 周南照，赵丽，任友群．教师教育改革与教师专业发展国际视野与本土实践［M］．上海：华东师范大学出版社，2007.

② 朱巍娟，杨宇宬．应用技术型本科院校教师转型发展策略研究——以上海商学院全英语课程教师为例［J］．长春工程学院学报（社会科学版），2015，16（4）：117－120.

③ 傅海燕．大学英语教师发展转型问题理论探究［J］．中国成人教育，2013（23）：105－108.

④ 赵娜．应用型大学英语教师转型发展［J］．教育与职业，2015（23）：63－65.

论。这是一种探究性的、注重教师自身反思性发展的理论，旨在形成教师的“反思性实践”能力，通过反思，教师对自身、专业活动及相关的事物能形成更深刻的理解，更好地发现其中的意义。在这种理论指导下，教师既是实践者，又是研究者，教师不仅要具有教学知识、技能与技巧，而且应具有反思、研究、改进教学方法、教学内容的能力，进而探究和处理更深入的教育问题。教师专业发展的目标是使教师成为反思型教师。

（三）教师发展与教师行动研究

教师实现教育者到研究者的角色转变，是教师发展的必然选择，也是教师行动研究的主要研究内容。教师要以研究者的身份，有效地实施新课程，积极建设新的教育问题，才能快速实现自身专业化成长与发展。从研究的目的和性质出发，教育研究可分为单个教师的行为研究、协作性的行动研究、学校范围的行动研究①。针对教师行动研究的方法，目前比较主流的方法有观察陈述类方法、非观察性调查及自我报告技术、情境分析与问题解决方法、批判反省与评价技术等。教师教育行动研究属于实践性的研究，要求教师在研究中根据研究问题的性质、过程、研究者的能力等，选择有关的方法进行研究，促使教师研究者身份的形成。

（四）教师发展与教师评价

教师评价就是对教师的现实工作或者潜在的价值进行判断，是为了促进教师的专业发展，提高教师的教学技能②。通过教师评价活动，教师能够知晓自身的优点和存在的问题，更好地认识自己，采取针对性的措施，推动专业发展③。开展教师评价，能够有效加强学校管理，提高教育质量，对教师专业发展具有导向、诊断和激励作用，能促进教师反思能力、管理能力、合作能力的提升④。

（五）教师发展与制度保障

教师专业化发展是一项长期的工作，只有建立健全有效的运行机制，才能使这项工作持续、稳定、健康地开展。要想推进教师专业化发展，则需建立相应的保障制度⑤，如健全教师质量保证体系、完善教师资格制度、建立教师机构认可制度和完备教师继续教育制度等。由于教师的需求各有不同，工作存在多样性，在职教师的培训方式也是形式多样，所以目前存在的培训方式主要有三种，即针对具体问题而展开、以课程为基础和基于学校的培训模式。

---

① 孟宪乐．教师专业化发展与策略［M］．北京：中国文史出版社，2005.

② 英配昌，范国睿．关于教师评价模式的个案研究——兼论传统教师评价模式的弊端及新模式的探索［J］．教育理论与实践，2001（3）：22－25.

③ 陈玉琨．教育评价学［M］．北京：人民教育出版社，1999.

④ 饶从满，杨秀玉，邓涛．教师专业发展［M］．长春：东北师范大学出版社，2005.

⑤ 唐玉光．教师专业发展与教师教育［M］．合肥：安徽教育出版社，2008.

（六）教师发展与教师文化

教师文化，是指教师在教育教学活动中形成与发展起来的价值观念和行为方式。教师文化的存在，给教师的工作提供了意义、支持和身份认同，为教师的专业发展创造了生态环境。合作互动、充满活力的教师文化，是促进教师专业发展之根本。要想构建教师文化，则应充分挖掘广大教师的内在自觉性，调动其内在发展动力，使教师积极配合学校的各项制度和国家教育政策，实现人与学校、人与工作、人与教师群体之间的匹配，营造教师专业发展的生态环境，促进教师专业发展。

从教师主体层面来看，要明确角色定位。教师是学生发展的促进者、指导者；要明确自身的责任是终身学习、不断培训，以合作的方式进行工作与学习，自觉构建教师文化。从学校组织层面来看，应注意运用心理定势、重视心理强化、利用从众心理、培养认同心理、激发模仿心理等心理规律构建教师文化[①]，为教师创造和谐舒畅的心理环境，使其愿意发挥其才智和力量，实现教师的专业发展。

第二节　大学英语教师专业发展模式

一、大学英语教师专业发展模式基础

大学英语教师在教学中运用网络软件，能更有效、快速、充分地与其他学生进行交流，深化自己对所学知识、课题和内容的理解，从而进一步汇集各方智慧，完成更高层次的知识体系构建过程，培养共同的创造力。简言之，利用网络软件与他人沟通合作，可以更有效地管理、利用、吸收知识，创造更多的知识，在不同层次建立学习联系与网络，发展先进思维，拓展教学视野，突破教学时空。

（一）理念方面

1. 微内容

微内容作为网络软件的关键字，可以是用户形成的任意数据。微课的内容正好迎合了英语专业发展的趋势，并且运用网络软件获取、存储、创建、共享微内容，可以为大学英语教师专业发展提供有力支撑。

2. 主体性思想

网络化软件需要以人为核心，使网上资源和内容的使用者成为生产者和提供者，形成一种去中心化、共建式的个性化网络。这就需要注重参与者的积极性，激励他们投入工作。因此，必须进一步促进教师之间更深层次的交流与沟通，因为创新知识的过程并非来

① 孟宪乐．教师专业化发展与策略［M］．北京：中国文史出版社，2005.

源于资源，而是学习者以自己所掌握的知识经验，在特定的情境中，通过各种渠道相互交流、碰撞而产生智慧火花，从而创造出更多的知识。

（二）硬件方面

现阶段，网络化软件种类繁多，且具有极强的技术性，能有效地满足教师自主学习的需要，还能促进教师之间的相互协作，开展更广泛、更深入地交流。

（三）功能方面

网络化软件使大学英语教师能突破地域、时空和原交际空间的限制，提供更多的学习方式和知识来源，为泛在学习的开展创造了条件。在网络软件中，教师可以根据自己的需要，在多元空间的范围内，以多种不同的方式进行学习，获得资源、存储资源、进行科学的管理、交流、表达，甚至创造资源、实现自我发展。同时，教师可以利用该软件对某些知识、资源进行评价，提供反馈，表达他们的观点和想法。也就是说，在网络软件开发的特定平台和环境下，知识生成过程是开放性的，而知识的吸收、内化、创新都是在这个平台上完成的。

从以上论述不难看出，网络软件对大学英语教师的专业发展有很大的帮助。因此，以网络软件为主要工具，必定能建立一种新的模式，从而更有效地促进大学英语教师专业发展，帮助教师更高效地发展专业能力。

二、大学英语教师专业发展模式的含义

发挥网络软件永远是以用户为中心的，把网络软件和大学英语教师的专业发展结合起来，突出网络软件的优势，使其成为大学英语教师专业发展的平台。大学英语教师的网络软件与其专业发展相结合的模式，主要是通过网络软件平台，完善大学英语教师的三重身份，实现教师个人发展对大学英语教师群体的促进作用。在这一新型的教师专业发展模式下，提倡借助社会软件的开放特性，汲取各种智慧，让所有用户通过这样的平台表达自己的想法和观念，共享资源，促进大学英语教师专业能力的提高。另外，此模式是大学英语教师利用网络软件促进自身发展的活动流程。在这一过程中，网络软件通过其空间、结构功能促进并优化大学英语教师的专业发展，其优点是能更好地整合现有资源，突出大学英语教师的职业特点，使教师置身于资源丰富、交流融洽的环境之中。综上，大学英语教师不仅能从网络中获得学习资源，而且能通过软件平台实现信息共享和交流讨论，这有利于教师完成自我知识的重组与构建，对他们的个人专业发展能起到积极的促进作用。

三、大学英语教师专业发展模式的设计原则

基于网络软件的大学英语教师专业发展模式必须依据一定的理念，才能最大限度地发挥双方的优势。因此，在设计基于网络软件的大学英语教师专业发展模式时应始终坚持以

下原则。

（一）多重互动原则

社会软件作为一种交互工具，既为大学英语教师及时地共享信息和资源提供了一个能参与学习的多功能平台，也为教师提供了更多的共享和互动的机会，使得教师在互动中能丰富知识，拓宽视野，碰撞出思想火花。同时，大学英语教师在网络软件的支持下，拥有了信息传递者与学习者双重身份，有效提升了大学英语教师的专业素质，促进了大学英语教师专业发展。

（二）使用者参与原则

网络软件的应用使大学英语教师的专业发展过程变得更加虚拟，是一种以自我为中心的非专业发展方式。基于网络软件的大学英语教师专业发展模式的设计，应考虑大学英语教师的主动性、需求、参与度等因素，即要求教师能够作为一个使用者参加到活动中，而不是一个旁观者。

（三）即时回馈原则

教师在专业学习阶段涉及的环节较多，在评价时如果只注重学习结果而忽视对学习过程的评价，就难以真正反映大学英语教师专业发展的实际情况，反馈结果也不够客观。因此，大学英语教师专业发展模式应遵循多元评价的反馈原则。在创造过程中，要注重评价的作用，尝试运用多元评价法，对专业发展各个环节进行有效评价。对大学英语教师进行评价时，可以帮助教师及时发现问题，然后根据评价内容调整评价的方向和目标，促使教师勤于思考、积极反思，进而使广大教师在此模式下提高监控水平。

四、大学英语教师专业发展模式构建

如何把网络软件与大学英语教师的专业发展结合起来，辅以好的活动设计，有效地发挥网络软件的作用，提高大学英语教师的能力，是这里要探讨的重点。以网络软件为基础的大学英语教师专业发展模式主要包括初步进程、大学英语教师个体发展、大学英语教师群体发展三个阶段的内容，如图 5-1 所示：

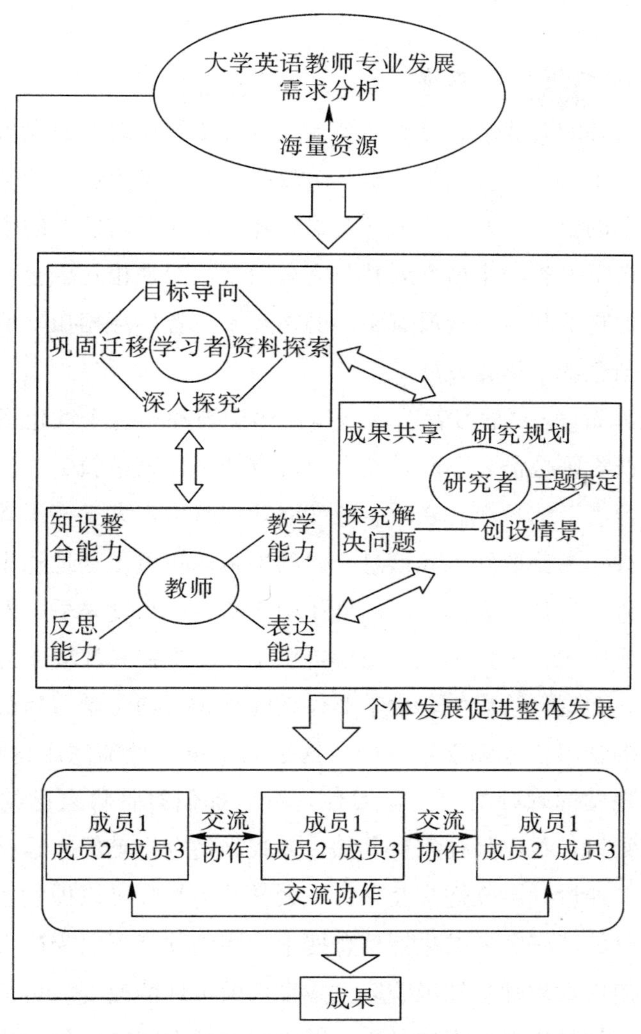

图 5-1　基于网络软件的大学英语教师专业发展模式

（一）大学英语教师专业发展初步进程

互联网中的海量资源为大学英语教师专业化发展提供了基础，也是研究工作的最坚实保障。基于此，大学英语教师应根据自己的专业发展需要，制订出完善的大学英语教师"学习者"身份、"教师"身份和"研究者"身份的目标定位。大学英语教师在专业发展的不同阶段有着不同的需求，教师认识到专业发展的重要性主要有两个原因：一是教师认识上的提高使教师开始认识到自我价值的实现与发展目标之间的关系；二是外部环境的变化对教师提出了更高的要求，社会也对教师产生了更高的期望，促使教师寻求专业发展。这两个方面都离不开学习实践、交流反思等行为。教师主观能动性则是促使教师真正寻求专业发展的核心要素，即大学英语教师应从主体性出发，认识到专业发展的必要性和紧迫性，自觉地弥补自己专业上的不足，主动寻找提升的机会，这对大学英语教师来说是十分必要的。

（二）大学英语教师个体发展

根据大学英语教师的专业素养分类并结合大学英语教师的专业发展需求，将大学英语教师个体发展分为三个部分，分别是大学英语教师“学习者角色”的个体化发展、大学英语教师“教师角色”的个体化发展、大学英语教师“研究者角色”的个体化发展。需要注意的是，这三个角色下的教师个体发展并非完全独立，而是相互融合，并且这三个角色的专业发展过程没有严格的起点，也没有明确的终点，三者环环相扣，不断循环。

1.“学习者”角色的个体化发展

对大学英语教师而言，“学习者”这一角色属于教师角色个性化发展的结果。在这个信息时代，大学英语教师也需要不断扩充自身已有知识，改进教学方法，此时大学英语教师担任的就是“学习者”的角色。在瞬息万变的知识时代，大学英语教师在自我学习目标导向下，将网络软件作为获取知识和信息资源的平台，积极主动地探索和学习，并在学习过程中将所学知识进行转化，融入自己的创作中。从这一角度来看，网络软件对大学英语教师专业发展的影响很大，为教师专业发展提供了技术支持和环境支持。

（1）目标导向。在这一阶段中，大学英语教师首先要锁定学习目标，然后根据自己的实际情况制订详细的学习任务和学习导向，这是大学英语教师完成自我专业发展的基础。因此，为了能更好地发挥教师的自主学习性，可以提倡教师将自己的学习计划放在平台上，让其他人出谋划策，找出最佳解决办法，并找出适合自己的教学手段。

（2）资料搜索。通过社会软件交互平台，大学英语教师可以搜索学习相关的信息和资源，也可以根据自己的喜好和需求进行信息搜索。网络软件可以为广大教师提供系统且有深度的信息资源，使广大教师的知识获取方式发生根本性的改变。可以说，大学英语教师完成角色的转变过程就是资料搜索的过程，即表明教师在网络软件中搜索和整理学习资源就是从“教师身份”向“学习者身份”转变的标志。例如，教师通过搜索引擎检索信息资源，对资料进行分类整理，然后利用这些资料完成学习。

（3）深入探究。资料收集完成后并不意味着学习结束，教师还要对这些问题进行分类整理和深入探究，从而获得解决问题的方法。教师可以将多种网络软件相结合，使软件各自发挥自己的长处，进一步让教师通过这样的软件搜索知识、表达思想，继而完成学习。

（4）巩固迁移。这一环节主要是针对教师学习方法及学习内容的加强和巩固。网络软件在提供各类资源和信息后，通过其他环节拓展知识的维度和深度，促进教师将所掌握的知识和技能进行转化和迁移。另外，虽然网络软件可以为大学英语教师提供海量的资源，资源形式多样，内容丰富，但这些资源并不是统一的，而是根据大学英语教师的个性化需求而呈现的，是根据用户的主观意向和实际情况而安排的，而且这些资源也会随着教师学习进度和对知识掌握程度的变化而变化。总之，大学英语教师可以根据自己的兴趣和爱好进行泛在化学习，不受时间与空间的限制，在碎片化的时间中完善自身知识结构。

2.“教师”角色的个体化发展

大学英语教师的“教师角色”指的是大学英语教师在教学中扮演的角色。而大学英语教师“教师角色”的个体化发展，实质上就是教师在日常学习与工作中完成自我专业提升的过程。在网络软件的支持下，可以促进大学英语教师个体信息素养、教学能力、反思能力等方面的发展。

(1) 教学能力。教师的主要任务就是向学生传递知识，所以教学能力是其专业发展的核心部分。

(2) 信息素养。大学英语不同于初高中英语课程，大学英语课程包含的知识范围相对更广，不仅包含英语相关知识内容，而且融合了多个学科的知识内容。这就要求大学英语教师具备良好的信息素养，做到搜集完所需资料后能够汇总这些资料，并对这些资料进行分类整理，使得之后查找和使用这些资料时更加便捷。

(3) 交流、协作能力。网络软件具有开放性、自由性以及群体性的特点，可以促进教师协作交流，为教师打造良好的学习与研究环境。在这样的环境中，大学英语教师也能充分挖掘自身潜力，自由表达观念和想法，也可以与其他同仁针对某一问题展开热烈讨论，提高教师探索与研究能力。

(4) 反思能力。反思是个人进步的基石，在软件中所提供的各类活动与资源为大学英语教师提供了一个可以进行反思性训练的平台。

3.“研究者”角色的个体化发展

大学英语教师要时刻走在本专业的发展前沿，掌握热点问题，紧跟发展动态，提升科研学术能力。基于网络软件下的大学英语教师专业化发展的“研究者”角色的提升流程分为以下几个步骤。

(1) 研究规划。教师根据研究方向和研究课题制订研究计划，包括实践和方法的安排。研究规划可以根据实际情况安排，既可以是长期探索，也可以是短期完善。大学英语教师只有在平时注重积累才能完成由量变到质变的过程，而大学英语教师使用网络软件的这一过程就是一个积累的过程。

(2) 主题界定。主题界定直接关系到科学研究的效果。

(3) 解决问题。网络软件可以帮助教师从中获取相关信息和资源，而教师在整个搜集资料的同时，通过对资料信息的加工整合，然后对其展开研究与分析，可以完成知识管理。另外，教师也可以在相关主题下的论坛发布帖子，邀请其他教师或学者对这一问题进行研究和讨论，这是一个教师之间相互学习、共同进步、互惠互利的过程。

(4) 成果共享。网络软件可以方便教师之间展开交流，能够实现实时沟通的作用；同时，这些网络软件能够完善成果共享，对促进教师专业发展有着积极的作用。

(5)评价反馈。在当前大学英语教师专业发展中，大学英语教师不再是单单坐在电脑前面的资源的使用者、利用者，而是参与到了资源建设中。比如，教师的科研成果具有共享功能，当大学英语教师间科研成果通过网络软件分享出来以后，其他教师可以从中获取学习知识，成为他人的学习资源。在网络软件背景下，研究成果具有公开性和共享性，所有参与研究的教师都是资源建设中的一员。而当教师完成资源共享后，其他人对这一资源的体验和使用感受就是评价反馈，可以提升教师的科研能力。

(三)大学英语教师群体发展

随着信息技术的发展和互联网的普及，协作已成为知识时代主旋律。因此，大学英语教师群体发展这一阶段的主题也是“协作”。这一过程主要是想实现由教师个体的专业发展，促进教师群体的专业发展，由点到面，凝聚集体智慧，将教师个体专业发展的效能最大化。可见，当广大教师拥有共同的学习目标时，就可以实现教师的群体发展。所以大学英语教师同样应以团体为单位，分工合作，积极交流，实现资源共享。

大学英语教师群体发展活动包括组建学习小组、学习目标的确定、交互对话、评价。

1. 组建学习组

大学英语教师通过网络软件，可以寻找到协作学习的目标学习群，但在网络学习中如果不注重关系的维护则很有可能让教师之间的关系逐渐疏远，继而影响沟通效果。另外，由于网络软件的身份认证功能，可以消除人们在网络时间的“不确定性”，提高了基于网络软件的教师专业发展的可信度，使大学英语教师可以放心地与同伴进行交流与沟通。

基于网络软件搭建的学习组使大学英语教师处于一个虚拟的小型社会组织中，通过相关网络软件，构建有效学习团体，促进教师之间的共同协作。整个学习组都是自发组织起来的，组内成员也是主动加入进来的，这种自主性参与就是主动协作。在学习组创建阶段，个体的差异性可以促进共同学习目标的实现。这主要表现在，当大学英语教师通过网络软件展开交流和讨论时，组内成员利用对方的专长，同时输出自己所掌握的资源进行交往和互动，分享信息资源与学习成果。这样一来，既可以促进学术上的进步，也营造了一个平等、自由的学习氛围。

此外，大学英语教师在整个学习阶段，最重要的环节就是交流。有效的沟通可以促进学习的成功，包括浅层次与深层次这两个级别的交流，其中浅层次交流指的是交流个人信息和研究方向与内容；深层次交流则包括交换与探讨学术观点、思想感受、个人想法等，此时，网络软件就发挥了它应有的价值，可以促进教师之间高效交流。

2. 学习目标的确定

教师通过沟通与交流后，可初步建立信任，形成良好的交流氛围。接下来的工作将是共同探讨学习目标，这是大学英语教师专业群里发展的开始，也是重点所在。

3. 交互对话

成员间的讨论、成员间的协作、组间的分享探讨共同，组成了大学英语教师群里专业发展的交互对话过程。其中，成员间的讨论主要是进行学术研讨，通过小组成员间交流和分享经验，可以促进双方共同成长。但要求教师在交流过程中能够达到深度对话，其中“深度”对话指的是在研讨过程中要有两次及以上的回复，深入探讨问题。教师在网络软件中的深度对话可以提高教师知识的应用，有助于培养教师独立思考的能力。当团队遭遇瓶颈期时，通过成员间的共同努力可以有效解决职业问题，这是协作的力量，也是保证小组顺利完成任务的最佳方法。

4. 评价

评价有很多种方式和途径，包括成员互评、培训人员评价以及个人评价等多种方式。由于大学英语教师专业发展的评价内容要更丰富一些，主要采用综合评价方式，其目的是多方面考察教师的个人成果以及其在小组中的身份和作用。

综上所述，教师在协作与讨论中加深了情感体验，同时也解决了学术上的困惑，激发了更多灵感。所以教师在整个学习过程要积极与其他教师进行讨论和信息共享。大学英语教师的个体发展属于构建教师个人的知识网络，大学英语教师在这一过程中通过交流和沟通可以完成学术探讨，让自身原有的知识体系进行重构与创新。这一过程就是教师学习的过程，其通过交互—分享—协作—建构的流程完成学习任务，再将教师群体专业发展成果借助网络软件的功能分享到互联网，扩充优化海量资源，这是教师专业发展的结束，同时也是新一轮的开始。大学英语教师的专业化发展是一个循环的过程，在一次又一次的开始与结束中不断进步发展。

第三节 大学英语教师发展的路径

20 世纪 80 年代以后，学者们越来越重视教师专业发展的相关研究，并纷纷提出了自己的教育理念与制度。对于大学英语教师自身来说，如何让自己的职业幸福感越来越强？是当前的重点研究课题。大学英语教师的发展是一个连续的、动态的过程，不能一蹴而就，也不能一劳永逸。在构建路径中，从国家政策到学校管理，从职前培养到职后培训，从教师内部自我意识成长到教师专业体验，皆提出了相应的对策建议，为管理者和教师开阔视野，希望能够将自上而下的培养模式转变为教师自下而上、想要寻求发展的模式。

一、重视社会情感支持

未来教育的发展趋势越来越强调关注学生的内在需求，重视培养学生的情感，未来的教师也更需要社会情感这样的育人品质和能力。在此，从国家政策制定和学校管理两个角度出发，为大学英语教师专业发展提供保障支持。

（一）国家政策为教师社会情感发展提供支持

国家政策为教师的社会情感提供支持，主要可以从以下两个方面考虑：其一，要弥补当前政策上存在的不足，将社会情感的理念融入现有的政策当中，切实考虑教师专业发展的需求，在教师聘任制度、考核制度以及培训制度上都要体现出关怀的价值取向，尊重教师的主体性价值。同时也要避免教师在实践中的无谓付出与牺牲[①]；其二，要丰富当前教师专业发展的政策体系，建立起专门的教师社会情感支持委员会、二级学会，由国家专职部门履行其相关的职能。委员会主要负责管理教师社会情感，注重对教师人际关系交往能力的培训和提升，充分调动教师的积极情感，及时感知教师的负面情绪，在教师面临教学压力以及家庭与工作之间产生冲突时，快速为教师提供解决问题的办法，切实增强教师的安全感和幸福感。

（二）学校管理体系将社会情感纳入考核标准

学校在对大学英语教师进行管理时，应注入人文关怀，关注教师个体的成长和精神需求，使教师能真正地投身于工作，能充分保障教师自身价值的实现，从而使得学校管理与教师个人成长双赢。作为学校管理者，需要将社会情感纳入管理体系。首先，要改善现有的学校行政流程，适当给教师安排一些行政事务，但要让教师随时能从繁杂的行政事务中脱离出来，保证大学英语教师有更多的时间用于其自身发展或者是其他教学科研工作；其次，要根据大学英语教师的必要事务完善对其的相关考核标准，教师的职称评定、平时的绩效考核等方面可以加入对社会情感的关注。比如，在教师的评价改革中，学校建构的评价指标体系必须充分符合教师的成长和发展规律[②]。不仅要评价教师的教学能力，而且要考察教师的其他方面，如道德、情感、心理等。学校的管理必须发挥正向指导作用，充分激发教师自身的内在驱动力，在管理中也要做到有温度、有态度。

二、改进教师教育培养体系

随着我国科技的发展，人工智能逐渐运用到教育行业，但人工智能并不能完全替代教师，因为教师相比于冰冷的机器多了社会情感。教师社会情感的培养应该由师范院校和职后培训承担。目前，部分大学英语教师社会情感培养的缺失，需要从以下两个渠道来重塑构建。

---

① 刘春花．从“素质关怀”到“生命关怀”——教师教育的伦理视角［J］．教育发展研究，2008（8）：50—52.

② 郭小平，田川．从工具理性到价值理性：我国高校教师考核评价的政策转向［J］．现代教育管理，2019（5）：107—111.

（一）师范院校承担教师社会情感的培养责任

1. 建立保障机制，关注教师社会情感的生成

无论是部属的师范院校，还是地方的师范院校，都应该建立起对大学英语教师社会情感培养的保障机制，确保大学英语教师的社会情感培养能够落实在教师发展的每一个阶段。现实中，许多学生选择报考师范专业时，可能对教师这一职业的属性并不了解，所以师范教育必须承担起培养社会情感的责任。师范教育不仅要培养学生的科学知识和教学技能，而且要侧重对学生社会情感的培养。师范院校是学生入职前的第一道防线，必须承担培养学生社会情感的责任，让学生爱上这一职业。同时，师范院校在录取学生时也应该增加面试环节，在面试时对学生进行再次选拔，挑选出那些真正想要成为教师的学生，对教育行业葆有敬畏和热情之心的学生，这样不仅能充分避免教育资源的浪费，而且大大降低了教师的流失率。

2. 构建社会情感类特色的课程培养体系

任何课程体系都需要系统，社会情感类的课程也需要具备系统的、持久的体系。教师首先，要对该课程设立明确的目标，通过多样化的授课方式，让学生有深刻的情感体验。情感不同于其他课程，不能只学习情感理论，还要通过一些事件、一些校园案例分析学习，让学生有一种体验感和代入感。也可以通过线上观摩教学课堂、线下参与理论学习和实践互动讨论等相结合的方式进行教学，确保学生在接受理论知识的同时，感受到作为教师的高峰体验。其次，要在评价标准中融入人文关怀，师范院校最终是要培养“完美”的教师，而不是完美的教书工具，在社会情感类课程中，并不是让教师达到认知标准就认为是合格的，而应从看学生平时写的学习感悟、参加教学实践的日志等综合考查学生的学习成果。再次，每个院校都应建立有自己特色的社会情感类课程，可以根据学生的特点或者是学校的特色制订不同的课程模式，最大化地满足学生成长的需求。最后，要对从事教师岗位的学生进行监测。可以利用科学的大数据预测判断教师的职业倦怠期，并且对他们进一步调查；也可以通过问卷调查或者心理咨询等方法进行二次筛查，如果发现其存在着情感上的问题，还可以对他们进行培训，尽可能地关注到教师成长的每一个阶段。

（二）教师职后培训增加社会情感体验学习

1. 教师职后培训内容上重视社会情感

大学英语教师职后培训应注重教师的整体发展，重视他们的亲身体验和真实感受，可以通过社会实践和交往提升教师的情感能力[①]。通过对教师的社会情感能力培养，使教师的理念和行为统一，目的是更好地促进学生成长和全面发展。所以，必须改革当前的教师培训内容和培训方式，使培训能更好地融入教学实践。具体的变革如下：按照先学习理论

① 刘晓芳．论教师培训中教师专业情感的缺失及应对［J］．河北大学成人教育学院学报，2015，17（2）：57—59.

后用于实践的基本原则，教师社会情感类培训项目在内容上应该设置三个部分：首先，安排理论性的知识讲解，可以包括“情感理论”“情感智力理论”“理解教育理论”“情感性劳动理论”等相关理论；其次，在学习完理论知识的基础上，可以安排一些偏实践性的项目，训练教师社会情感的运用，如“情感表达策略”“师生交往策略”等相关活动；最后，可以将已有教师社会情感能力运用的成功案例作为素材在培训中加以分析，分享给一线教师，让他们对理论进行消化，对实践更加有把握。

2. 教师职后培训项目加大社会情感体验的课时

大学英语教师积极的社会情感能更好地促进教师育人职能的发挥。教育的发展对教师社会情感水平的真实需求决定了当前我国教师职后培训必须重视社会情感素养。首先，在职后培训的项目中，要增加教师和专家的互动机会。很多教师表示希望能够多一些时间和专家进行交流，这样不仅能将专家的教育理念和情感传递给一线中小学教师，而且能给专家带来一线实践经验，更有利于专家的研究；其次，要多组织教师参加同行之间教育经验的分享会。通过教师之间的分享与互动，可以让更多的教师发现自己的不足，从而完善自己。通过分享和互动，可以让教师在知识与技能方面再次提升，还可以促进教师的情感生成，提高参与培训的主动性和自觉性；最后，要对新老教师社会情感类培训课程的课时比例有所调整。因为二者是存在差异的，不能用老教师的视野去看待新手教师，新手教师的相关培训应该侧重对教学所需社会情感的基本认识及其运用；而老教师则应该注重促进其社会情感水平的快速发展，能帮助其解决更多的实践问题。

三、唤醒教师职业自我意识

大学英语教师在专业发展的进程中应具备主动性和自觉性，需要从“被发展”转向“主动发展”。在重视教师主体性的同时，也要重视教师的创造性和个体性，充分挖掘教师自身的潜能，创建符合教师自身的学习方式，从而快速提升教师专业素养。当教师真正能做到从被动地开发到主动地追求以及做到自发、自主地尝试时，教师专业发展的效应方可凸显。

（一）帮助教师快速形成正确的职业认识

1. 培养教师自我意识，促进教师主动性

良好的职业自我意识能使教师在职业发展道路上健康成长，有助于教师形成正确的自我认识，有助于帮助教师形成完整的职业生涯规划。唤醒教师的职业自我意识，可以快速提升教师的各项品质。第一，培养教师的主体性，让教师主动、自觉地参与教师专业发展中。第二，帮助教师建设有利于社会情感发展的工作环境，能够及时感知教师的心理状态和情绪变化，在满足教师精神需要的同时，让教师在良好的氛围中提升自我。第三，培养教师的反思能力，通过别人认识自己，通过交往反思自己，通过自我督查和教育完善自己，使自己的职业生涯更加具有幸福感。

2. 满足教师的个性需求，重视教师的个性发展

理性地看待教师专业发展问题，充分满足教师的个性需求，重视教师的个性发展。对大学英语教师一些合理的诉求，学校应给予积极的回应，并创造条件让大学英语教师在专业发展的过程中充分展现个性。对于目前未能满足教师的个性需求，学校应该进行修改，尽可能多地为教师提供可以施展的空间，满足广大教师的个性需求。首先，学校领导要充分认识到满足教师个性化发展的必要性，调节教师的工作，充分调动教师工作的积极性。学校可以建立教师需要遵守的规章制度，同时也要不排斥教师个性的发展。其次，针对学校的校本研究，也需要有不同的教师提出个性化的方案，根据每个学校的特色设置个性的教学与管理方式。如果学校的关注与教师的需求不一致，学校应更多地从教师的角度考虑问题，根据教师的需求进行适当的调整。这就需要管理者不仅要对全校教师的个性需求有概括性地了解，而且要根据不同的学科、不同年龄段的教师分类汇总他们的需求，在总体掌握教师个性发展的动态趋势下，制订出更加有效的激励措施。

（二）增加体验训练，强化教师的情感体验

1. 重视教师情感体验的现实需求

从本质上看，教师专业发展是教师自身不断成长的一个过程，在这样的过程中，如何成为好教师是每一个教师必须要考虑的事情。对于当前部分大学英语教师专业发展效果不佳的情况，需激发大学英语教师内心的体验和感悟，激发他们内在的学习动力，在体验中感受教师职业带给自己的快乐。让教师想要去发展自己，主动参与教师专业发展中，并能够在这个过程中主动探索，从学习应该怎么教上升到思考为什么要教的思想境界，使得教师的发展不再是外界强加给教师的，而是教师自身的需要。教师的专业体验更多的是源自个体的需要，体验活动能激发个体产生强烈的动机，进而产生持续、有效的行为，这些体验能让教师收获更多的幸福感，形成对职业正确的认识，可以独立解决教学问题，敢于挑战教学中遇到的困难，从而获得一种强烈的自我效能感。在倡导教师专业发展时，既需要了解教师职业的特殊性，也需要关注教师作为人的多样性的和普遍性的需求。如何成为一个专业的好教师，还应回到教师真实的生活场域中，还原教师真实的生活场景，在这些真实的生活场景中重新建构对教师专业发展的理解，完成对教师的专业体验训练。

2. 重视教师的情感体验，强调教师的主体地位

不管是国家类的培训课程还是地方类的培训项目，都需要注重教师的体验感，需要注意教师在参与过程中的情感变化和行为变化。体验类的培训项目强调重视每一个教师，始终认为教师才是培训项目的主体，这样的认知会促使教师在培训讲师的指导下充分发挥其主观能动性，同时，教师与教师之间、教师与培训讲师之间都会注重对情感的表达与体验，使培训达到最好的效果。

第六章 大学英语教学策略

大学英语教学质量要想取得提升，教学效果要想得到优化，以及教学现状要想得到改善，必定要采取相应的措施。在此，针对当前大学英语教学存在的问题，提出以下针对性路径，促进大学英语教学更好地发展。

第一节 大学英语教学完善路径

大学英语教学的完善需要以大学英语教学实践为载体，最终在教学过程中加以实现。总体而言，可从重视专门用途英语教学、挖掘大学英语教学资源、钻研大学英语语料库和实施大学英语分级分层教学方面入手，完善大学英语教学。

一、重视专门用途英语教学

专门用途英语作为大学英语教学中的专业方向，自然受到重视。然而，就现实而言，专门用途英语不仅是掌握专门的词汇与表达方式，而且需要通过专门用途英语的学习认识本专业最新的研究成果与世界发展趋势，这就需要学生具备专门的综合英语能力。

（一）专门用途英语的含义

专门用途英语，是指根据某种特定的职业或学科开设的英语课程。专门用途英语学习的目的是提升学生在专业领域的交流能力与工作能力，然而交流能力的提升需要学生掌握专业的词汇与句式，同时通过英语学习、了解他国的专业文化、最新研究成果以及发展趋势等。这就需要学生具有较强的英语综合水平，具体到个体身上，个体英语综合水平的提升本身是大学英语工具价值与人文价值、语言知识与语言能力以及理论与实践能力在个体身上的综合呈现。

从国家的角度来看，专门用途英语具有一定价值。随着全球化在经济、生活等各个领域的不断深入，我国对英语人才的要求也发生了变化。“专门用途英语，更多地承担着学生未来工作环境中的英语应用需求。因此，大学英语除了发展学生在通用环境中的日常语言能力外，还应该进一步增强专门用途英语，特别是学术英语和职业英语的交流能力，让学生在日常生活、专业学习和工作岗位不同的语言环境中都能够有效地使用英语。专门用途英语不仅是一种英语能力的拓展方式，而且是复合型人才培养的有效路径。”①

对学生自身而言，专门用途英语是一条引领学生更深入学科领域的有效途径。通过专门用途英语，带领学生走近科学、人文、艺术等专业领域，不仅可以更快更好地帮助学生加深对专业知识的理解，而且可以启迪学生的思维，丰富学生的世界观。在专门用途英语教学过程中，语言仅是一个媒介，其目的是让学生通过语言媒介全面地熟悉英语在该行业中的表达，更好地掌握该行业的专业知识和能力。

可以说，将学科专业学习和英语学习整合于一体的专门用途英语教学，既包含了英语知识学习和专业知识学习的工具性价值，又融合了学生个人总体素质培养和人生发展的人文性价值。

（二）重视专门用途英语教学内容的设计

教学内容是教学实施的主要依据。因此，大学英语教学引领下专门用途英语教学的实施需重视专门英语用途教学内容的设计。首先，课程内容的设计要以专门用途英语中专业术语、特殊句式与表达方式为基础，这是把某专门用途英语与其他英语区别开来的重要标志。例如，旅游英语教学内容的设计首先是掌握旅游的专业术语与特殊句式，同时掌握英语国家相关旅游背景知识口语与笔译的专门旅游专业介绍。因此，在内容设计上必须首要选择需要以旅游英语相关内容为基础的材料进行设计，并从词汇上就能看出此英语属旅游英语而非其他英语。其次，课程内容的设计要超越专门用途英语词汇、特殊句式与表达方式的范畴。例如，旅游涉及社会的自然与人文景观、民俗等内容，这就需要在课程设计上要超越基本的旅游英语内容的设计，将课程内容延展到人类生产生活的方方面面，其他学科材料可以以此类推。最后，旅游英语的使用场景主要是与英语母语人员的面对面交流，因此，课程还需要理解他国文化，包括文化传统、生活习惯与语言表达等，这样才不至于因沟通而产生不必要的误解。

（三）重视学生专门用途英语能力的培养

学生对专门用途英语综合能力的习得需从两个方面展开。

一是重视专业词汇训练。“语言如果没有语言和语法，还可以传达一点点信息，但是没有词汇，那就不能传达任何信息。”② 教师要有针对性地帮助学生整理和熟悉其专业相关的英语词汇。每种专门用途英语都是基于某种专业领域而言的，因此，其语言具有该领域的构词特点、词义来源与语法形式，并且很多词汇在专门用途英语语境内会有不同于通常的释义，有些还是引申义。这需要教师引导学生利用常用英语知识与技能做耐心细致地分析与记忆。

二是要了解专业领域的语言框架、表达规则和语法特点。这往往需要学生对相关行业

---

① 教育部高等学校大学外语教学指导委员会．大学英语教学指南［M］．北京：高等教育出版社，2017.

② 周又萍．语言习得规律与成人英语教学［J］．研究与探索，2011（12）：24.

和学科的基础知识有一定的了解。为了培养学生在这一领域的能力，可以采用分兵包围的方式逐步进行。以英语的学术性写作为例，要求学生运用较为复杂的语法结构提升文章的学术意蕴。另外，很多专业领域的背景知识直接影响着专业英语的表达，如法律专业，熟练掌握法律术语与法律知识是基本功课；又如旅游专业，除了英语综合能力，还需要学生具备深厚的历史、地理、艺术等功底。这一层面的教学对教师本身的知识含量提出了要求。教师除了引导学生对相关专业英语的表达、写作和口语进行系统的学习外，还要尽可能地讲解相关的专业知识。实践证明，教师清晰流畅的讲解是学生产生学习兴趣的一剂良方，而学生在学习与接收专门用途英语的时候，其大脑兴奋中心明显增加，导致学习兴趣与身心投入明显要高于、多于基础英语的学习。此外，为进一步激发学生的学习兴趣，提升学生对专门用途英语的学习效果，教师在教学活动中可以采用现代化的教学手段，图文并茂，情景交融，还可以利用仿真学习平台实施教学活动。

二、挖掘大学英语教学资源

大学英语教学的实现需要大学英语教学资源的支撑。总体而言，大学英语教学资源包括显性资源与隐性资源。显性资源以教学硬件为主；隐性资源则是大学英语教学的心理和文化氛围。

（一）大学英语教学显性资源

大学英语教学显性资源主要由教学硬件设施、条件等组成，是所有教学活动开展的基础。教学硬件设施的不断改善能丰富英语教学形式，为英语教学效率的提升奠定基础。英语教学有较多的“听”和“读”的教学任务，与其他学科的教学相比，更依赖媒体设备。从最简单的收录音机，到电脑、电视集成的多媒体设备，都从不同程度拓展了英语教学能力边界。现在，多媒体已是大学教室的标准配置，它在教学中的广泛应用，极大地丰富了英语教学的色彩，营造了更好的教学情境，让原本枯燥的语言学习环境变得更加形象、生动、有趣。多媒体的使用，特别是网络技术的加入，让英语教学超脱了教学资料限制的束缚，利用更丰富、广泛和新颖的内容开阔学生的视野。现在，网络世界提供了为数众多的学习资源，如世界各大名校、名师的公开课以及各类网络课程。这些资源既有力地拓展了师生的教学资源，也很大程度上满足了学生个性化的学习需求（学生可以根据自己的实际情况选择相适应的学习资源）。

随着移动网络技术的发展，智能手机几乎成为每个学生的必备用品。移动智能设备的运用，可以提高学生个体对教学资源运用的能力，也能促进学生学习行为的数字化。在人工智能愈发成熟的趋势下，对学生学习状态的调控和支持将变得更加有效。从这种意义来说，当下大学必备的语言教室，可能会随着技术的发展逐渐淡出英语教学的历史舞台。语音教室的优势在于每个师生都能获得一台单独的教学设备，既能帮助教师较为方便地将电子教学资源传递给每个学生、管理学生，也为每个学生提供了训练自己听说等技能的设备。但随着移动智能设备的普及，这些优势可以轻松地被轻便的手机和功能强大的教育软件所替代。

总的来说，显性资源并非大学英语教学质量提升的必要条件。在教学条件远不如今的时代，大学生同样可以取得优秀的英语成绩。但它是充分条件，能为师生创设舒适、方便的物理环境，是以人为本“人文性”的体现。

（二）大学英语教学隐性资源

教学隐性资源可以理解为课堂内外存在的间接或潜在的教学活动中一些经验、意识被渗透或作用于受教育者的心理反应或文化氛围。由此，我们认为大学英语教学隐性资源包括教学心理和文化氛围，它作为大学英语教学的载体意义重大，极大地影响着大学英语教学质量。

教学心理氛围是由教师、学生和教学媒介在教学活动过程中交互作用产生的心理上的影响。这种影响是抽象的、无形的、动态的，但通过师生的感受作用于教学过程之中，对教学效果能产生深刻影响。与基础教育师生固定教室、固定班级，容易形成稳定的心理环境不同，大学课堂有其独特的特点。具体到大学英语教学，“走班制”容易让学生和教师产生一种“商业性”的关系。教师提供知识服务，学生则购买和享受这种服务。构建心理环境的任务，主要就落在了教师身上。教师通过教学设计、情境设置以及自身的教学技能，为学生创设出临时性的教学心理环境，再通过对这种临时环境的周期性积累，形成稳定的教学心理氛围。可以说，教师是教学过程中心理环境创设最积极的因素。

从教师的角度来讲，大学英语教学改革和发展需要一支积极稳定的教师队伍，并通过他们将大学英语教学落到实处。换言之，大学英语教学质量与效益、改革与成败、发展与繁荣都离不开教师的推动。首先，要求大学英语教师具备正确的教学价值观，科学地理解大学英语学科和课程的定位、目的，领会大学英语教学“工具性”与“人文性”的意义；其次，需要教师具备充分发挥大学英语教学“工具性”的知识与能力。知识方面，既包括英语专业的知识，也包括教育知识，如教育学、心理学、教学法的知识；能力方面，除英语教学“听说读写”的基本技能外，还包括教师的教学技能、语言能力、组织能力等；最后，需要教师具备提升英语教学“人文性”的修养，包括为人师表的师德修养、人文社科的理论修养、文学艺术的美学修养、通识性的科学修养等。

从学生的角度来看，学生是大学英语教学对象，也是主体之一，在大学英语教学活动中作用及影响不可小觑，有时候甚至成为制约教学成败的关键因素。由此看来，大学英语教学质量的提升关键在于大学英语学习者本身，而非外在因素。根据国外有关心理学家的学习动机理论，学生的学习动机可分为两种类型。一种是由实际利益驱动的工具型动机，它促使学生通过学习获得经济上的实惠或者其他现实好处，如获得称赞、学分、奖学金或者学位等；另一种是融入型动机，是指学习者对目标社团有特别的兴趣，希望参与和融入其中。这两种动机都能驱动学生产生较高的学习积极性。但融入型动机一定是集体性的，它对教学环境，特别是学生的心理环境提出了更高的要求。也就是说，要将学生心理氛围的创设与外在物质显性资源的构建放置于同等地位。

这就关系到课堂教学过程中的人际关系。人际关系是师生在教学交往过程中相互影响形成的个人与个人、个人与集体之间的关系。其中，教师与学生、学生与学生之间的关系对大学英语教学的影响最为关键。师生之间的关系，是在教学过程中积累起来的。师生关系是否融洽，将直接影响教师的教学效率和学生的学习态度，进而影响整体教学质量。学生与学生之间的关系，对英语教学也有重要的影响。英语学科的学习，可以是个人性的“单打独斗”，也可以是人与人之间的“互助共进”。在教学过程中，学生之间一定会参与“听”“说”“对话”等共同的教学任务，显然，“互助共进”更能促进学生的学习。因此，学生之间应该相互理解、相互帮助。

课堂教学氛围是在教学过程中教学主体间形成的一种稳定的情感状态。从性质上看，可以分为积极、消极和对抗三种类型。从某种程度上讲，教学氛围是教学人际关系的一种拓展。在积极的教学氛围中，课堂纪律良好，师生情感饱满，教学和学习状态优良，能够非常顺利地完成教学任务。在消极的教学氛围中，课堂纪律看似良好，师生却很难形成有效的“化学反应”，教师提不起劲头，学生也无精打采，处于一种“得过且过”的状态之中。而在对抗的教学氛围中，教师在课堂中的主导地位已经失控，教学活动已经无法正常进行。因此，要求教师与学生一起营造一个积极的心理教学氛围。

文化氛围是促成大学英语教学开展的重要内容，它虽包含了狭义的课堂教学的文化氛围，但更多地体现在整个校园的英语学习语言环境和文化氛围。大学英语文化氛围是课堂教学的延伸，通过课内英语教学和课外英语活动的形式在校园范围内形成，是英语文化设施和文化活动的综合。大学英语文化设施包含校园内展示的与英语相关的标志牌、海报、文化咨询等；英语文化活动则包括英语角、演讲比赛、沙龙等形式。

英语教学文化氛围的营造，更强调“人文性”。所谓育人于无形，是大学潜课程的一种。大学英语文化氛围可以为英语教学创造更充分的教学情境。大学英语文化氛围的设置能拓展英语课堂教学。大学英语文化氛围建设，就是为学生创造第二课堂，突破英语学习的时空限制，扩展英语学习的范围，改善英语教学效果。真正的英语学习绝不在分数的多少，而是对英语能力的掌握高低。在校园英语氛围中，学生能通过自主的练习和不自觉的文化感染，有意识地加强听说等能力的培养。学生能通过各种各样的校园英语文化活动提升自己的英语水平。除了提升英语能力，这些活动也能让学生了解英语文化，拓展知识面，提升英语交际能力，锻炼与人交流沟通的能力。

开展丰富多彩英语课外活动，创造轻松的学习环境，既可在课堂教学中进行，也可通过课堂教学的延伸，如定期开展英语角，组织课本剧或英语节，以活动为载体激发学生对英语学习和表现的需要，创设真实的英语学习环境，综合发展学生听、说、读、写、译的五项能力。值得一提的是，英语课外活动要借助课外活动的平台或契机，如参加大学生英语沙龙、大学生英语话剧表演、大学生英语演讲或生活情景模拟等活动，让他们把自己在课外活动中形成的激情和表现欲带回课堂，有效提高学生学习英语的兴趣、学习力和表现力，促进课堂教学。同时，教师在大学英语课堂教学需要与课外英语活动有机融合起来，让课堂活动的内容成为促进课内教学创新的积极因素。

总体而言，校园内外的英语文化活动能提升大学生个体及学习自信。因此，创设丰富的课内课外英语文化活动尤为重要。

三、钻研大学英语教学语料库

大学英语教学语料库是大学英语教师实施教育教学活动所依托的教学工具与教学资源，其目的在于规范与有效整合大学英语学习资源。按照语料资料的来源，大学英语教学语料库可包括自主开发的资源、网上下载的免费教学资源与学校购买的学习资源三种类型。按照内容可分为一系列子库，如“听力语料库、口语语料库、阅读语料库、写作语料库、翻译语料库、词汇语料库、语法语料库、文化语料库、趣味语料库与考试语料库”等。语料库的建设使大学英语教学在资源层面得到有效的保障，为大学英语的课堂教学与课后学习提供资源支持。具体而言，大学英语教学语料库的建设主要从三个方面展开。

（一）科学设计教学语料库

大学英语教学语料库的落脚点在资源二字上。语料资源是英语教学的原始材料，使其成为库的目的在于提升语料资源的利用效率，更加高效地为英语教学服务。为提升语料资源的利用效率，语料库的建设首先应从框架建设着手，为语料资源的补充与完善提供基础性前提。大学英语教学语料库的设计框架主要是在融合性价值取向的引领下，把大学英语教学语料资源分为层级类型，如上述的十类资源子库。大学英语教学需融合语言学习的整体性特征，对每个子库的内容进行听、说、读、写的解读，把碎片式的英语学习语料资源有机地整合起来，使得学生在训练听力的同时受到词汇、口语、写作等附加性训练。

基于这样的设计思路，大学英语教学语料库的建设在二级语料库的基础上需进行附加性的延伸，建立属于每个二级子库的三级教学语料库。这样建成的教学语料库才能兼具宏观中包含微观、微观中体现宏观的有机融合体。

（二）精心选用教学语料

框架设计师从学理上对语料库建设进行的宏观构建是语料库建设的基础，真正的核心是教学语料库中的语料资源。大学英语教学需要精心选用语料资源，保障大学英语教学能有效地落到实处。语料库语料资源的选择需要遵循三条原则——普适性原则、典型性原则与整体提升原则。普适性原则指大学英语教学语料库的语料资源选择应具有基础特性，它是大学英语教学的基本前提和基础。在此基础上，根据学生的专业发展需求，在专业层面上重视本专业群相关的专业英语语料资源。典型性原则指大学英语学习资源的选用要根据学生的英语学习水平，将具有典型性的学习资源纳入其中，尽可能使学生能达到举一反三的效果。整体提升原则指大学英语教学语料库中语料资源的选择要充分体现大学英语价值取向，尽可能选择能同时达到促进学生综合能力提升的语料学习资源。这样可以使学习效果更有效，在同一资源学习中获得多种能力的提升。例如，语法教学资源训练中可把词汇训练、写作训练与文化习俗的因素融入其中，达到“一箭多雕”的效果。

在遵循上述原则的基础上，大学英语教学语料库的语料资源选用需要精心地研究与设计，选用适合本校大学生学习特点与需要，同时符合时代特征的学习资源。有些大学英语教学语料库把听、说、读、写、译等内容融为一体，学生可以根据学习要求和学习兴趣，借助该语料库进行自主学习，搭建自主学习平台。大学英语语料库的优势是促进英语资源共享，教师与学生在此资源库以网络方式提供便捷途径，自主备课与查阅资料简单易行，浏览资源与探究自学方便快捷。从教学主体的视角而言，类似资源库的建设逐渐颠覆了传统的教师中心、教材中心与课堂中心的教学模式，从而推动学生真正成为课堂的主人，教育教学活动的开展都是为学生发展服务。

（三）科学运用现代化科学技术

教学语料库的发展经历了两个阶段。第一阶段即原始的纸质素材、光影素材堆积期的教学语料库，尽管其有大量的学习资源，但学习资源的查询与获取本身耗费大量的时间；第二阶段为“互联网＋”时代的大数据技术、视听训练技术等，它是以现代科学技术手段为依托，将相关的教学语料库有机地植入相应的学习平台上，以达到学生能在任何时间、任何地点获得任何想要学习的内容。显而易见，大学英语教学语料库的建设需要以此类技术为依托，提升语料库的使用效率，让学生不再为学习资源的获取烦恼。

教学语料库作为大学英语教学的载体，海量的信息资料需要筛选才能为教学服务。这就要求大学英语教学资源库的建设不仅关注资源库建设，而且要重视配套资源建设，如终端设备、传输网络与软件学习平台等配置，只有这样，资源库建设的效用才能真正落到实处，大学英语教学多重价值的融合才能找到真正的载体。目前，智慧课堂是一种全新的教学信息技术课堂，这类课堂是现代技术含量高、设施先进，包含如无线网络、电子终端设备（移动或固定）、人工智能机、网络传输软件等的教学系统。在此系统下，师生可以真正实现随时随地都可以自由自主学习的理想状态。

由此可见，在智慧课堂内，语言工具性和人文性都一览无余，它们似乎以“可视”的方式呈现在那里，只等你努力前行。基于智慧课堂的相关优势，大学英语语料库的建设需要充分依托智慧课堂的平台，提升学生的资源利用效率。

四、实施大学英语分级分层教学

大学英语教学的融合性价值取向强调大学英语教学实施要共性与个性相结合，语言知识与语言能力相结合以及目的语文化与母语文化相结合。大学英语教学需根据学生现有英语水平、专业特点以及学生兴趣，推行分级分层教学。

（一）以融合性价值取向作为依据

分级分层教学是对大学英语教学从理念、内容到手段进行改革的落实。“宏观设置，分类指导，因材施教”正是大学英语分级分层教学的思想理论基础，进一步提升了大学英语教学的人文特征，更加切合我国大学英语教学现状和国家对英语教育的战略需求。其中最大的特点就是人文性与工具性价值的融合。这种融合，是大学英语课程设置科学化的需求，成为大学英语教育实践，特别是教学实践的理论指引。

大学英语教学价值取向的根本是根据社会发展的需要与学生自身的特点实施教学活动，以多维价值取向满足学生的多样化需求。分级分层教学的实施同样以此价值取向为依据，在组织、管理、教学过程与评价等方面践行融合性价值取向。分级分层教学本身是差异化、个性化教学理念在大学英语具体教学过程中的落实，其目的在于因材施教，有针对性地提升学生的学习水平。其理念与融合性价值取向之间具有统一性。

（二）重视顶层设计与管理

就学校教学的顶层设计与管理而言，大学英语分级分层教学首先是设计与管理上的变革。这是推行分级分层教学策略的首要环节，需要相关的顶层设计者与管理者深刻理解大学英语教学，从宏观的视角掌控全局，建立完善分级分层机制，科学设计分级分层的实施方法，并监督分级分层的教学效果评估与反馈机制。

大学英语教学分级分层教学的设计与管理需立足于经济社会发展的需求、学生学习特点与已有的英语水平。其主要分层方式可以采用大数据分析技术，在学生入学后分别从词汇、语法、听力、口语、写作、文化、学习认知等视角对学生进行全面的测试，系统自动把每项测试成绩相近的学生列为一组，在此基础上，学生结合自身的学习兴趣参与不同层次水平的学习班。分级分层的核心，还是要放在贴近学生真实需求和人生发展的“人文性”之上，体现出工具性和人文性的双重特性。首先，在大学生入学之初，便进行有针对性的摸底测验，按照“优”“良”“中”“弱”等级分别将学生分入各个序列之中。这里需要明确指出的是，除了成绩作为分级参考标尺之外，一定要同时遵循学生个体的自主自愿原则。其次，在分级过程中，学校可以由教务处统一协调、安排。在具体组合时，为了便于学校的协调管理和学生的自我学习管理，一定要让教师和学生对不同专业“混合”在一起的“新”教学班级产生归属感、认同感和荣誉感，使学生感受到人文的关怀，个性爱好的起码尊重。与此同时，任课教师、班级学生要尽量保持基本稳定，便于师生之间彼此了解、相互熟悉、共同交流、密切配合，从而增强教师的责任感、学生的集体感，保障教学正常和谐有序。再次，大学英语开展分级教学后，按照个性化与因材施教的原则进行课程教学，可以采用学分制的弹性管理办法，每学期或每学年对各级别的学生进行过程性评价与考核，整个过程都采用动态管理的模式，成绩优秀者可申请跳级。最后，在教材选取及内容安排上，要以学生为本，充分考量学校、教师、学生、环境等教学资源的“应然”和“实然”状况，科学应对“尖子班”“提高班”“普及班”的教学事宜。“尖子班”可以在知识与技能的深度、广度和文化背景方面做更进一步的探索，如突出安排适合大学生特点的英语经典影视对白与欣赏活动，组织学生情节讨论收获分享，撰写影评交流思想；“提高班”因处在分级的多数中，其侧重点应放在教材本身，紧紧围绕教学目标，挖掘内容的工具性和人文性意蕴，尽量让学生掌握并消化书本里的内容并有适度的衍生与延伸；“普及班”应注重学生英语实际水平，基于教材及内容展现其融合性，教学过程可以适当放缓，教学要求可以分步实施。其总体要求是时间可以分段，内容不能分离。已有的分级分层教学的实践表明，只要教师给予学生多一份真诚，多一点耐心，多一些奉献，他们就能多一些收获。

所以，分级分层教学有利于教学内容的完成，有利于教学目标的实现。当然，大学英语教学的分级分层也需要进一步研究，在顶层设计与管理上，还需建立灵活的反馈与准入机制。例如，当学生在某方面的水平达到一定程度后，即可以自动进入更高层级的班级学习，同时管理者需根据反馈情况适时调整设计思路与管理策略，以此推动大学英语教学分级分层策略的“校本化”。

（三）具体教学活动的设计

分级分层教学的主要目的，就是要解决大学英语教学对学生因材施教的问题。分级与分层，体现了不同专业大学生对英语有不同的需要，不同大学生英语水平有高低区别的客观事实，把握教育规律，让教师可以采用不同的方法，运用前后有别的步调，灵活整合教材，适应各层级学生的不同需求，合理调动学生按照实际需求的学习积极性，充分挖掘各层次学生的探究兴奋点和学习潜力，最终既关注英语知识与技能的传授，又尊重以人为本的教学观念，还能更好地获得优良的教学效果。

分级分层教学赋予了大学生更高的课堂吸引力与参与度，给学生一个“公平”的课堂平台，让学生能在与自己水平一致的环境中主动融入学习的过程中。此时的教师，也能更好地契合学生的水平和要求，大大增加课堂对学生的吸引力。

分级分层教学给学生营造了一个宽松的学习氛围。这种氛围更适合促进学生综合能力的全面发展。分级分层教学可以改变以往以“分数”为目标，以“竞争”为主要学习驱动方式的传统教学，营造更为宽松的学习环境和学习氛围，促成学生在英语水平和综合能力的发展。

作为教育教学实施者的大学英语教师，需要以融合性价值取向为指引，设计自身的教学活动。教学活动的实施需要重视两个方面的内容。一是教学内容的选择与设计，大学英语与专业英语的差别在于大学英语具有基础性与综合性的特点，这就要求大学英语教师在内容选择与设计上综合考虑听说读写的内容，尽可能把几个方面的内容融于一体。同时，内容的选择需要严格以学生的学习水平与学习能力为依据；二是教学活动中的因材施教。尽管分级分层教学在某种程度上使得同一水平的学生集中于一个班，为教师教学提供了便利，但就现实而言，学生个体仍存在差异，因此，教师在教学活动中需要根据学生的学习特点因材施教。

第二节　大学英语信息化教学策略

一、信息化背景下英语教学的创新路径

在信息化背景下，大学英语教学创新势在必行。相关教学部门和教学主体需要在信息教育技术驱动模式、有效教学模式、任务型教学模式以及行动导向教学模式等方面探索出一条改革新路径。

1. 以“互联网＋”智慧教育技术模式作为根本驱动力

“互联网＋”智慧教育成为大学英语教育的新模式，如何构建“互联网＋”教育技术驱动的智慧环境和如何运用智慧教学法，成为该模式的核心。高校和大学英语相关教学部门应坚守政策导向，从构建“互联网＋”教育技术驱动的英语智慧课堂入手，将云计算、大数据、物联网等现代信息教育技术运用其中，本着智能化、开放性和多元化等原则，创设教师、学生和课堂环境相互作用的智慧课堂，发挥智能教学平台整体架构作用，打造线上线下、虚拟现实以及课内课外一体化的教学环境和教学模式。高校应搭建并完善教学云平台，云平台除了具备教师备课、获取教学和学生学习资料、课前预习、课中师生互动、课后答疑辅导等功能外，配备资料和细微功能应符合学校学生英语基础和学校特色。在云平台弥补教材不足的同时，教育相关部门也应不断完善教材编写、教材内容等，形成线上线下一体化智能课堂模式。

2. 以有效教学模式作为宏观教学体系

随着信息化时代的到来，有效教学的理念、内涵、目标和内容体系都应运用于大学英语教学，并作为宏观层面的新型主导体系。理念层面，有效教学主张教师遵循教学客观规律，以尽可能少的时间、精力和物力取得尽可能好的教学效果，实现特定的教学目标，激发学生的内在学习动机。大学英语教师切实以有效教学理念为指导，运用信息化的优势树立学习者、社会需求和英语学科发展三位一体的教学目标。在此基础上，教师选择教学内

容除了要考虑学生需求、社会需求之外，更要考虑大学英语学科的知识逻辑，坚持全面性、反馈性、阶段性和创新性的内容组织原则，形成纵向延伸、横向整合和知识逻辑顺序为主线的知识体例。有效教学模式的基本条件应该予以保证，即有效教师、有效学生和有效教学环境。有效教师应转变为全新教学理念的学习指导者、坚实语言基础和较高文化素养的知识传授者、现代信息教育技术能力的拥有者以及学生非智力学习因素的成功激发者。有效学生应在教师的带动下，树立全新、正确的学习观，利用第二课堂和多种网络资源进行有效学习。有效教学环境应以提高学生学习兴趣为起点，延伸课内教学环境，丰富课外教学环境。如此，有效教学模式作为宏观教学体系才能在大学英语教学中游刃有余。

3. 以任务型教学模式为微观教学创新支点

任务型教学作为一种新的教学观和学习观，指的是教师在教学中以多项任务组织教学，引导学生围绕教学目标完成任务。任务型教学是素质教育的具体体现，旨在通过任务激发学生的求知欲。任务型教学以模拟真实语言情境为核心，能弥补大学英语教学法的缺陷，也可以作为信息化背景下撬动大学英语教学创新的支点，构建微观层面的教学创新体系。任务型教学法将社会各类活动与英语教学结合起来，并细分为具体任务，供学生参与、体验和互动。学生在学习英语语言技能的同时，在创设的真实情境实践中感知和应用所学语言，拉近了学生与生活和知识之间的距离。任务型教学法在任务设计方面更加合理，所搭建的英语教学框架包括精准的教学目标、学生每阶段需掌握的知识和语言能力；根据框架，任务型教学法应提前确定任务难易程度，词汇、语法教学等根据学生知识容量进行设置，适当延伸，确保学生对任务有一定的难度期待；任务型教学法应在教学形式方面进行创新，借助信息化教学软件与平台，设定类似于以学生之间虚拟交流为主、师生电子问答为辅等形式，设计有趣、有劲、有料、有用、有效的“五有”任务。在科学实施任务环节，教师在任务导入阶段引入慕课、互联网视频、声频等，为教学做足准备。教师应将不同层次的学生穿插在任务教学中，通过差异性的任务提高学生多项技能，使英语教学产生非语言性的教学结果。

4. 以行动导向教学模式作为教学创新方向

行动导向教学法以非学科式能力为基础，以职业活动为导向，以学习任务为载体，与大学英语教学法创新模式环环相扣，在教学领域取得较大成就，赋予大学英语教学效率高、针对性强等特点，促进教学与职业需求有效衔接。在具体教学中，行动导向教学模式遵循领域学习原则，将大学英语专业基础、专业课程、专业理论的相关内容进行有机整合，再加入实习课程，加速大学英语知识内化为能力，为教学评价提供多种实践性指标。该模式还应遵循学生本位原则，将学生置于教学中心，培养其独立获取信息、制订学习计划、评估计划科学性的能力，培养其职业技能。行动导向教学模式能在信息化教育平台的助力下，综合运用项目教学法、案例教学法等，实现对课堂有效教学、任务教学法的升级，营造“做中学、学中做”的情境，将教学内容自主设定为独立项目，并在参与和实践过程中对自身能力给出科学性反馈，为教师教学和评价提供可靠和翔实的创新依据。

二、破解信息化英语教学内卷化的路径

（一）全面提高英语教师的信息化素养及技能

信息化背景下的大学英语混合教学模式对教师的思想转变有着较高的要求。首先，教师要从自身角度出发，正确地认识到教育信息化并不能被简单地理解为是在教学过程中运用了信息技术。有研究认为“教师信息化教学能力能直面课堂教学的真实情境和问题”①。其次，为了能够进一步弥补当前教师在信息化教学模式中的能力缺失，应加强教师对课堂教学中信息技术层面的认知和能力。信息技术具有较强的专业性特点，教师仅仅通过个人的摸索很难掌握新的技术。很多学生和教师在面临信息化的背景时，不能清晰地在思想层面上接受、认同信息化教学模式，很容易导致教师在课堂教学中没有充分的认同感和积极性，从而将这种情绪传染给学生。因此，需要广大教师对教育信息化有正确、充分的认识和了解，能积极、深度地将信息技术融合于课堂教学过程中。因此，必须运用教育信息化理论对教师进行专业、系统的培训。例如，可以用大数据进行筛查和分类，对不同方向、面对不同学生群体、不同年龄的教师进行针对性的辅导和培训②。

随着我国教育信息化对高等教育的影响越来越深远，教师信息化素养的提升逐渐成为一个长期而复杂的过程，仅仅通过一两次培训、讲座或教学观摩是无法得到真正提升的。为保证信息化技术在教学实践中的充分应用，高校教师应主动、持续加强信息化教学素养提升的意识，同时，高校也应实施多措并举，保障教师信息化素养水平得到不断提升。

（二）创设灵活多样的信息化教学模式

大学英语课程应逐渐将信息化理念融入课程设计全过程，结合课堂教学的实际情况和学生水平制订详细可行的信息化课程设计体系，授课方式应更加灵活多变。教师应充分认识到在课堂教学过程中需要加强学生自主学习、自主探究的学习方式，进行思想上、位置上的合理转变。同时，在信息化教学过程中应加强培养学生自主学习、自主探究的学习能力，达到“教学并重”。

大学英语信息化教学的进一步提升也应从“以教学为主线”趋向于“以课程为主线”，即在课程论整体观和动态观视域下进行课程规划与设计③。鉴于此，我们可以尝试项目式学习与数字化教学相结合，如基于慕课平台的项目式教学、网络环境下的项目式学习、计算机支持的协作学习和混合式协作学习等。大力借助于信息化技术，达到在线学习的有效

① 何克抗．我国教育信息化理论研究新进展［J］．中国电化教育，2011（1）：1—19.

② 俞福丽．混合式教学模式下高校教师信息化素养提升路径研究［J］．中国大学教学，2021（3）：86—90.

③ 杨港．课程论视角下大学英语教学研究现状调查与展望［J］．外语电化教学，2013（3）：75—80.

性，加快破解大学英语信息化教学的现实困难与瓶颈。

（三）培养基于创造性思维的混合教学模式

学生创新能力的培养建立在思维方式训练之上，就是要求学生必须学习如何分析、判断、评估等，即批判性思维的养成。批判性思维包含的不仅是具体的大脑活动，而且是一种思维模式，它是一个主动思考的过程。引申于大学英语的课程目标（培养具有创新能力的外语人才），教师需要在培养学生语言技能的同时重视其思维能力的提高。我们的课堂教学过程需融入类似于分析、评估、推理等思维训练的内容或环节，从而真正实现培养既有外语能力又有创新能力和批判性思维的外语人才。

目前，线上＋线下的混合式教学在大学英语教学过程中已逐步趋于常态化。在混合式教学模式的创新设计中，教师应实现在不同的教学环节中综合应用多种教学手段，提供学生更多参与活动的机会。例如，通过情境创设、贴近生活的内容解决开放性问题，引导学生主动探究，激发学生自主学习、发现学习等[①]。在教学过程中，课堂结构、任务组织、和活动设计等都会对学生的综合能力培养产生重大影响[②]。从大量研究中发现，开展小组合作式、自主探究式、开放式、项目式等学习方式有利于创造性思维的培养；生生互评、团队竞争、设定奖励机制等个性化、多元化的学习评价体系也可增强创造性思维的培养[③]。教学评价、内容、方法都会在不同程度上影响学生的创造性思维发展[④]。例如：①兼具线上自主学习、针对性辅导、灵活教学管理和多样化评价的慕课学习＋翻转课堂模式；②任务驱动理念下的混合教学模式[⑤]；③项目化学习理念构建的课堂内外模式：看视频、快速测试、小组内部展示和讨论、方案评价和反馈等；④混合与移动学习模式：导向、调查、分析、展示和评估等都是很好的学习范式。

基于以上研究，根据大学英语的课程特性，本书将线上、线下混合教学模式全方位贯穿于课前、课中、课后并保留其混合式教学的优势，构建了基于培养创造性思维的混合式教学模式。

结合实际教学内容，基于创造性思维的混合式教学可总结为以下四个方面的进阶性突破：①课前预习：由自主探究式、小组协作式学习取代被动的接受式、单一任务式的个体性学习方式；②课程学习内容：将传统的碎片化学习进阶为模块化、结构化的知识学习，

---

① 胡小勇，朱龙．智慧学习环境中的创造力培养实证研究［J］．中国电化教育，2017（6）：11－16.

② 胡小勇，朱龙．智慧学习环境中的创造力培养实证研究［J］．中国电化教育，2017（6）：11－16.

③ 朱永海，朱莎，王亚军．培养创造性思维的阶梯式加深混合教学研究——以“信息化教学资源设计与制作”课程为例［J］．现代教育技术，2021，31（11）：46－54.

④ 赵铭锡，薛彦华．阻碍大学生创新能力因素的调查研究［J］．河北师范大学学报（教育科学版），2003（4）：63－67.

⑤ 李锋，朱蕙霞，吴敏丹等．翻转课堂在“创新训练计划”中的实践［J］．江苏高教，2016（6）：96－98.

即“培养学生将碎片化知识整合进完整的知识系统中的能力”[①]，并重创造性思维的培养；学生可通过课前线上研讨搜集碎片化知识，在课中由教师启发学生深入思考，培养线性逻辑思维，同时对学生线上＋线下的学习反馈进行诊断，培养学生能将碎片化知识嵌入、整合进知识系统中的能力，避免了混合式教学易碎片化的最大弊端之一；③学习活动：由简单的模仿性、碎片化知识的练习升级为基于结构性知识的项目化任务，从传统的单一学科教学进阶为跨学科综合性实践活动等；④学习评价：由陈旧的教师评价升级为自我反思与同伴评价相结合，最终达到对传统混合式教学进行进阶式的改造和创新。

综上，团队协作、自主探究、模块化知识、项目式任务等背后都渗透着思维方式，都需要用高阶的创造性思维完成学习。值得一提的是，这也正是基于创造性思维的新型混合式教学模式对创造性思维培养的重要意义所在。

① 吕晓敏．基于MOOC的混合式教学模式在大学英语教学中的实践探索［J］．广西医科大学外语电化教学，2021（1）：61－65.

参考文献

[1] 白雪."新时代"大学英语课程设置研究[D].上海：上海外国语大学，2020.

[2] 毕纪芹.大学英语阅读教学的现状与改革分析[J].教育教学论坛，2020(45)：199－200.

[3] 曹宇晖.基于"互联网＋"环境下的大学英语阅读教学体系构建研究[J].中国新通信，2022，24(4)：189－191.

[4] 常瑞瑞.基于"产出导向法"的大学英语写作教学促成环节的实践探索[J].英语广场，2021(27)：119－121.

[5] 陈望京.大学英语教师专业发展的个案研究[D].武汉：华中师范大学，2014.

[6] 党婉宁.基于产出导向法的大学英语阅读教学策略研究[D].沈阳：沈阳师范大学，2021.

[7] 何会敏.大学英语阅读教学现状及对策研究[J].产业与科技论坛，2021，20(13)：162－163.

[8] 黄煜.TPACK发展背景下的大学英语教师建构性学习的个案研究[D].黄石：湖北师范大学，2017.

[9] 华捷.基于SPOC的大学英语多维教学模式探索[J].海外英语，2022(17)：8－10.

[10] 刘雪薇.大学英语课程中文化教学的问题与对策研究[D].哈尔滨：哈尔滨师范大学，2016.

[11] 李丽雯，白永生.大学英语课程育人的基本形态与实践路径[J].学校党建与思想教育，2022(15)：74－76.

[12] 李佳音.语篇分析在大学英语阅读教学中的实证研究[D].沈阳：沈阳师范大学，2020.

[13] 李慧芬.语篇分析理论下的大学英语阅读教学研究[J].英语广场，2021(20)：42－45.

[14] 马琴.大学英语个性化教学研究[D].重庆：西南大学，2017.

[15] 苏丽靖.大学英语教师专业发展的困境、理念与实践路径[J].现代教育科学，2022(02)：116－122.

[16] 陶瑞萱.语料库背景下大学英语写作教学模式构建[J].湖北开放职业学院学报，2022，35(4)：164－166.

[17] 汪婷．基于“互联网＋”大学英语写作教学创新模式研究分析［J］．海外英语，2022（18）：152－154.

[18] 温可佳．多元识读教学法在大学英语写作教学中的应用探讨［J］．科学咨询（科技·管理），2021（9）：178－179.

[19] 徐家玉．大学英语课程教学质量内部保障体系的构建［J］．湖北开放职业学院学报，2022，35（19）：160－161＋167.

[20] 许晓晴．大学英语教学中“中国文化失语”现象调查研究［D］．太原：山西财经大学，2019.

[21] 许方元．大学英语有效教学现状调查——以 H 大学为例［D］．武汉：湖北大学，2018.

[22] 肖展．基于产出导向法的大学英语写作教学实证研究［D］．沈阳：沈阳师范大学，2018.

[23] 袁苑．基于支架式教学理论探究大学英语阅读教学策略［J］．吉林省教育学院学报，2022，38（10）：31－34.

[24] 余海溶．基于“续论”的大学英语课程教学模式的构建［J］．延边教育学院学报，2022，36（4）：53－56.

[25] 于庆玲．大学英语教师 TPACK 发展策略研究［J］．重庆电子工程职业学院学报，2020，29（4）：97－101.

[26] 余依．跨文化交际视角下大学英语教学中的“中国文化失语”现象研究［D］．武汉：湖北工业大学，2021.

[27] 岳丽锦．大学英语教学中翻转课堂教学模式研究［D］．太原：山西财经大学，2017.

[28] 游长松．大学英语课程管理体制问题与改进对策研究［D］．武汉：武汉大学，2016.

[29] 赵方，熊晓春，陈永忠．OBE 教育理念下的大学英语教学评价模式构建［J］．海外英语，2022（18）：159－160＋163.

[30] 张爱朴．OBE 理念下大学英语写作教学策略探析［J］．科教文汇，2022（8）：58－61.

[31] 张旭，陆宁皓．大学英语教师专业发展路径研究［J］．现代交际，2020（15）：7－8.

[32] 翟晨君．大学英语教师信息化教学能力及影响因素研究［D］．济南：山东师范大学，2020.

[33] 张建佳．大学英语教学融合性价值取向及其实现研究［D］．重庆：西南大学，2018.